RAMATÍS
e Pai Tomé

Reza Forte

A Umbanda com Jesus

RAMATÍS
e Pai Tomé

Reza Forte
A Umbanda com Jesus

Norberto Peixoto

5ª edição / Porto Alegre - RS / 2023

Capa e projeto gráfico: Marco Cena
Revisão: Marcio Coelho
Produção editorial: Bruna Dali e Maitê Cena
Assessoramento gráfico: André Luis Alt

Dados Internacionais de Catalogação na Publicação (CIP)

P379C Peixoto, Norberto
   Reza forte: a Umbanda com Jesus. / Norberto Peixoto.
   – 5.ed. Porto Alegre: BesouroBox, 2023.
     160 p.; 16 x 23 cm

   ISBN: 978-85-5527-054-3

   1. Religião. 2. Umbanda. I. Título.

CDU 299.6

Bibliotecária responsável Kátia Rosi Possobon CRB10/1782

Direitos de Publicação: © 2023 Edições BesouroBox Ltda.
Copyright © Norberto Peixoto, 2023.

Todos os direitos desta edição reservados à
Edições BesouroBox Ltda.
Rua Brito Peixoto, 224 - CEP: 91030-400
Passo D'Areia - Porto Alegre - RS
Fone: (51) 3337.5620
www.legiaopublicacoes.com.br

Impresso no Brasil
Maio de 2023

Este livro contribui com o custeio da comissão de obras do Grupo de Umbanda Triângulo da Fraternidade, que tem reformas a serem feitas.

À minha esposa, Sarita, meu profundo
agradecimento pelo apoio de todas as horas.
Aos meus filhos carnais, Diogo e Arthur,
minha eterna amizade.
Finalmente, a todos os membros
da corrente do Grupo de Umbanda
Triângulo da Fraternidade – quão
bom é estarmos juntos estudando,
trabalhando e vivenciando a nossa religião!

Sumário

Palavras do médium 9

As ordens e direitos de trabalho de
Pai Tomé e o médium magista 13

Preâmbulo de Ramatís 17

O Logos une Fílon de Alexandria a João, o Evangelista 21

O maior dos mandamentos organizadores do Cosmo 30

É chegada a hora da germinação
definitiva – a herança da Terra regenerada 38

Jogo de búzios, predições,
métodos divinatórios e oraculares 43

Umbandização: pretos(as) velhos(as)
e caboclos; ancestrais e divindades;
Orixás, voduns e inquices; encantaria 51

Liturgias e cânticos: a linguagem
e os provérbios dos terreiros 67

O transe ritual na Umbanda 83

"Cavalo de santo" – o médium e a
sua transformação espiritual na prática
da mediunidade de terreiro 94

As obrigatoriedades rituais
geradoras de processos de subjugação espiritual 101

Velas, conjuros, evocações, esconjuros,
Boris e ebós – costumes cerimoniais
utilizados nas práticas mágicas populares 106

Crônicas de um eterno aprendiz
do Evangelho, por Norberto Peixoto 127

Quem é Ramatís 153

Palavras do médium

Prezados irmãos planetários, minha relação com a magia e com os fenômenos psíquicos exaltou-se em minha consciência desde a infância. Lembro-me de que, ainda menino, enxergava o livro *Magia de redenção,* editado à época pela antiga Freitas Bastos, disposto no congá (altar) do centro de Umbanda que meu pai dirigia, e esse livro me causava um profundo senso de respeito, como algo sagrado, valioso e intocável.

Nunca me esquecerei do preto velho d'Angola que, quando eu tinha 7 anos, recomendou-me uma série de banhos de ervas com os quais obtive a cura de uma urticária purulenta que eclodiu por todo o corpo sem que nenhum médico da Terra conseguisse diagnosticá-la com precisão. Durante a infância, em várias ocasiões, contei ainda com a ajuda da preta velha Maria do Rosário, que vibrava na mediunidade de minha mãe. Aos 7 anos, fui batizado na Umbanda na Cachoeira de Itacuruçá, no interior do Rio de Janeiro, e passei a ser cambono mirim no terreiro em que ela trabalhava, auxiliando suas entidades.

Já adulto, atuando ativamente como médium umbandista, iniciado nos trabalhos práticos de consultas nas sessões de caridade, surpreendi-me ao enxergar lindos e fortes negros nagôs cantando e tocando atabaques no plano astral. O mais marcante, no entanto, foi viver experiências diretas com os falangeiros dos Orixás. Em desdobramento astral e clarividência aberta, pude observar: uma cabocla na vibração de Iansã a me fortalecer num momento difícil de saúde; um espírito paramentado com palhas da costa, aos pés de minha cama, a balançar um instrumento de trabalho ritual (xaxará) do Orixá Obaluaê durante uma febre renitente; e uma "sisuda" e amorosa preta velha na vibração do Orixá Nanã a "me ocupar " o psiquismo durante os transes mediúnicos. Essas e outras situações me marcaram profundamente, aflorando sentimentos e despertando meus centros mnemônicos do inconsciente, adormecidos provisoriamente nesta encarnação.

Questionei muito sobre o que me ligaria tão intensamente aos Orixás nagôs, dada a série de percepções psíquicas que fazem parte de minha mediunidade, a exemplo da experiência vivida por mim quando fundamos a Choupana do Caboclo Pery, hoje Grupo de Umbanda Triângulo da Fraternidade, em que entrei em profundo transe e saí do corpo, vendo-me dentro de um enorme barracão de madeira entre entidades com paramentos peculiares aos Orixás dançando em movimentos característicos, acompanhando o solo de atabaques ritmados com lindos cânticos em iorubá.

Diante de minha curiosidade, provocada pelos *insights* de memória que me ocorriam seguidamente (como ver-me criança numa comunidade africana, vestido com palha-da-costa, dançando ao som de tambores), o mentor Ramatís me informou que eu tivera, no passado, uma encarnação na cidade de Oyo, tendo sido oferecido pelos meus pais a Olodumare, o Deus Único dos nagôs, e a Xangô, iniciação espiritual que me reservou a missão de vivenciar os Orixás sob a égide de Jesus, reinserindo-os na realidade universalista da Umbanda que pratico hoje no templo do qual sou dirigente, para meu reequilíbrio junto à Contabilidade Divina. Então entendi por que o Caboclo Pery, guia-chefe de minha cabeça, é uma entidade da linha de Xangô e me pediu, anos atrás, que tivéssemos um pilão (símbolo de Xangô) na frente do congá.

É por isso que vivencio essas forças divinas naturalmente, tendo facilidade de recepcioná-las em meu espírito. Daí se explica a espontaneidade de resposta dos Orixás e minha compreensão de suas cosmogonias e magias peculiares na prática ritualística, cerimonial e mediúnica de terreiro, com os espíritos-guias e falangeiros da Umbanda.

Encerrando estas breves considerações, agradeço profundamente a todos os mentores astrais pelo enorme apoio e cobertura espiritual que nos têm dado, especialmente a Ramatís, que interveio por amor, arquitetando diretamente a programação desta minha atual encarnação probatória.

Espírito imperfeito que sou, ainda aprisionado na matéria densa, minha gratidão é incondicional a todos os guias, verdadeiros responsáveis pela singela obra que estamos realizando conjuntamente a favor da coletividade, cabendo a mim os defeitos da construção pelo limitado filtro do canal de mediunidade.

Muita paz, saúde, força e união!
Norberto Peixoto

As ordens e direitos de trabalho de Pai Tomé e o médium magista

Ouvi os tambores rufarem
Lá nas matas da Guiné
Era Congo saravando
Era Congo Pai Tomé
Saravá linha do Congo
Saravá Pai Tomé
Saravá linha africana
A linha de nossa fé

O ponto cantado de Pai Tomé é de intensa vibração e de rara beleza aos nossos sentidos auditivos e psicoespirituais. Os tambores são considerados sagrados, a "voz" dos deuses, a *reza forte* em diversas religiões ao longo da história planetária. Servem como ponto de apoio da vibração original geradora e mantenedora do Cosmo, o AUM. Esse som primordial, o Logos, o Verbo Divino, desce numa linha vertical e encontra uma escora focal na percussão dos atabaques na Umbanda, disseminando-se em diversos ritmos peculiares aos Orixás em toque e cantos específicos, aspectos diferenciados do grande indiferenciado: Olurum, Obatalá, Zambi, Tupã, Grande Arquiteto do Universo ou simplesmente Deus.

Essa sonoridade sagrada movimenta ondas eletromagnéticas ligadas aos reinos da natureza oculta e tem um alcance inimaginável. Quando os tambores rufam na Umbanda, os pretos velhos estão trabalhando. E preto velho trabalhando, mandigando e fazendo mironga é a voz de Jesus evangelizando. Salve o Verbo que orienta, consola e cura, espiritualiza e desperta em nós o verdadeiro significado de religiosidade, que liberta e nunca aprisiona! Salve o Verbo que faz com Jesus a *reza forte* dos pretos velhos, entre cachimbadas e galhos de arruda e guiné! Salve Pai Tomé, incansável e amoroso orientador do Cristo!

Nosso eterno preito de gratidão a Roger Feraudy, o mais fiel e cristalino aparelho mediúnico dessa vibratória que já encarnou. Estrela que hoje nos alumia de Aruanda, no passado recente nos transmitiu, em perfeita incorporação, as ordens e direitos de trabalho de Pai Tomé, riscando seus sinais de pemba em volta de nossa cabeça, circundando o nosso Ori (chacra coronário).

Que possamos honrar os compromissos que nos foram passados da raiz de Pai Tomé muito antes de reencarnarmos e dar continuidade a sua linhagem iniciática na Terra, que se encontra no evo dos tempos, num mesmo eixo vibracional que une hebreus e nagôs, atlantes e iorubás, cruzamentos que se interpenetram na lonjura do passado como uma única linha riscada no chão que pisamos hoje, que se iniciou pela ação amorosa do Criador e nunca terá fim.

Há de se registrar um fato marcante nesta minha caminhada. Roger Feraudy fazia visitas regulares a Porto Alegre, onde resido, oportunidades em que nos encontrávamos e que me foram transmitidos muitos ensinamentos. Certa feita, recebi um telefonema com o recado de que ele estaria em breve novamente na cidade e que Pai Tomé queria falar comigo. Então, foi pedida pela veneranda entidade a participação de um grupo de cinco médiuns "emprestados" para firmar uma corrente, propiciando, assim, a realização de um rito específico de transmissão de raiz, que ocorreu na residência de uma amiga espiritualista conhecida de Roger, dado que me foi impossível realizá-lo no terreiro ao qual estava vinculado na ocasião como médium de consulta nas giras de caridade.

Na data do encontro solicitado, Pai Tomé incorporou e me transmitiu suas ordens e direitos de trabalho, confirmando que, daquele momento em diante, eu estaria preparado para fundar um terreiro, dando continuidade ao seu trabalho na Umbanda. Roger Feraudy já tinha me presenteado com o cachimbo, o coité e o jogo de búzios que ele utilizara por mais de cinquenta anos de mediunato. Lembro-me de que, sentado de joelhos à frente daquele velhinho de cabeça branca, a voz arrastada e melodiosa de Pai Tomé fazia-nos chorar junto com seu aparelho. Disse-lhe, após ter recebido os sinais de peroba do velho "payé" riscados diretamente ao redor de minha cabeça, que não pensava em abrir um centro de Umbanda, que me achava despreparado. Pai Tomé, com seu amor e profunda clarividência, recomendou-me que eu aguardasse os acontecimentos no seu devido tempo e disse que eu sempre deveria me sentir despreparado, incapaz, pois, no dia em que me sentisse totalmente preparado, minha queda se iniciaria rapidamente. Palavras proféticas que se realizaram em pouco tempo. Até hoje me sinto incapacitado para tão séria e árdua responsabilidade – ser fundador de uma comunidade de terreiro. São os mentores astralizados os responsáveis e merecedores do crédito por todos os trabalhos realizados. Sem eles, nossa queda seria rápida e inexorável.

Disse-nos ainda Pai Tomé, por meio da sensibilidade cristalina de Roger Feraudy, que os três maiores motivos da queda de médiuns são o sexo desregrado e promíscuo, o recebimento financeiro de serviços com a mediunidade e a vaidade. É importante esclarecer que o espírito de Pai Tomé que trabalha comigo não é o mesmo que incorporava em Roger Feraudy. Acreditamos que Babajiananda, o Pai Tomé que o amparava, "subiu" para um plano vibratório que nos é impossível compreender ou alcançar no presente estágio evolutivo. O "nosso" Pai Tomé, conforme descrito no livro *Aos pés do preto velho*, espírito manso e misericordioso, se apresenta à nossa visão psíquica como um ancião negro com a aparência frágil e mansa dos iogues, de baixa estatura, calvo, barbas brancas ralas até o meio do peito, um tanto curvado, por vezes segurando um cajado com a mão direita, completamente despojado de vestes elaboradas ou insígnias sacerdotais. Cobre-o diamantífero manto, aos moldes do singelo pano branco que Gandhi usava, deixando a metade do seu peito desnudo. Espírito de gigantesco amor pela humanidade, vive desde há muito tempo inteiramente dedicado à causa de Jesus, da evolução da coletividade terrena.

Sob muitos aspectos vibratórios, acredito que todo médium na Umbanda é, em menor ou maior grau, um mago. Ele ativa e desativa constantemente, durante as consultas espirituais, os campos de forças dos Orixás pelas suas rogativas, invocações e evocações. Amparam-no as entidades astrais que o assistem por meio do mediunismo. Um verdadeiro médium magista tem uma conduta ilibada, de moral elevada, e busca incessantemente sua evangelização. Tem ordens e direitos de trabalho junto aos pontos de força da natureza (Orixás) fixados em seu mental e perispírito antes de sua encarnação pelos guias astrais que o assistem e que, por sua vez, terão de ser ativados em rito propiciatório por uma entidade de fato e de direito numa espécie de linha de sucessão cármica. Cabe-lhe honrá-los com humildade e diligência, zelando com afinco pelos poderes magísticos que lhe foram outorgados.

Por sua vez, existem zeladores astrais que "vigiam" e guardam os campos de forças dos Orixás para que o médium-mago não distorça suas ordens e direitos de trabalho, objetivando sempre o bem coletivo. Essas ordens de trabalho podem ser retiradas a qualquer tempo, pois não pertencem ao médium – notadamente quando ele se desvia do caminho reto do Evangelho de Jesus, distorcendo-o e sendo causador de efeitos negativos pela magia gerada, desrespeitando o livre-arbítrio e o merecimento dentro da Lei de Causa e Efeito que rege a harmonia energética da coletividade. Nesses casos, o efeito de retorno é terrível, podendo o médium faltoso adoecer abruptamente ou, o que é muito pior, cair rapidamente nas garras do Astral inferior e seus quiumbas, espíritos mistificadores e embusteiros que se fazem passar por caboclos, pretos velhos e exus da genuína umbanda – a Lei Maior Divina em ação –, levando à derrocada, muitas vezes, todo um agrupamento.

Preâmbulo de Ramatís

Amigos e irmãos em Cristo, quando esta singela obra, que entendemos de bom alvitre intitular-se *Reza forte,* chegar às suas mãos, cumprimos mais um de nossos compromissos de cooperação para a evolução de um grupo de espíritos simpáticos ao nosso amor, desde eras remotas em que o planeta azul não existia, tal a antiguidade dos laços que nos unem, à mercê da misericórdia do Criador.

Rejubila-nos a possibilidade de poder auxiliar aos que tomam contato com os nossos despretensiosos textos ditados do Além. Impossível agradar a todos, e nunca foi essa a nossa intenção. Diante dos usos e costumes que aprendemos dos Maiorais do Espaço, em que Jesus é nosso Mestre, não alimentamos as vaidades messiânicas dos homens, tampouco almejamos quaisquer distinções especiais nas confrarias fraternas ligadas às diversas religiões da Terra que existem do lado de cá.

Tendo os africanos que vieram para o Brasil sido "obrigados" a dividir um mesmo espaço para cultuar suas divindades, o Alto esquematizou sagrado plano de resgate de uma grande plêiade de egos comprometidos com a opressão religiosa no passado. Reverberam ainda os preconceitos e equívocos humanos diante do legado cultural religioso das diversas etnias que existiram no orbe. Obviamente, os ortodoxos se prendem a cartilhas prontas e definitivas e se fecham para quaisquer "novidades". Não é a esses que buscamos esclarecer, mas àquelas almas que já lutam para se libertar das formas escravizantes da matéria. Infelizmente, muitos ritos, liturgias e cerimoniais praticados na Umbanda ainda carecem de uma reinterpretação, a fim de inserir-se num conceito mais atual.

A velha e genuína magia africana, apresentada nas práticas mágicas populares com roupagem nova, não deve contrariar os mandamentos organizadores do Cosmo. A herança da Terra regenerada impõe aos homens que sejam melhores, mais evangelizados, pacíficos e sensíveis. Assim sendo, para permanecerem na tessitura do orbe, terão de dominar as tendências hereditárias da animalidade tribal. O aperfeiçoamento espiritual se concretiza no imo do ser quando ele consegue vivenciar o princípio espiritual superior e verdadeiro da individualidade imortal, impondo-se sobre as ilusões e disposições psíquicas embrutecidas da linhagem animal presa na matéria.

As religiões e, notadamente, a Umbanda, foco de *Reza forte,* são um "meio" e não o "fim" para o cidadão galgar sua ascese espiritual, quando deve governar a si mesmo e não ser governado por ritos deprimentes elaborados por sacerdotes venais que Jesus classificou como "tesouros que as traças comem e a ferrugem rói". Obviamente, os egos reencarnados ainda são prisioneiros da atraente vida física enquanto ignoram a realidade espiritual eterna e se deixam escravizar por obrigações rituais geradoras de processos de subjugação espiritual, tão comuns nos prosélitos temerosos de punições dos santos. Enquanto o cidadão não identificar sua natureza sublime e imortal, que refulge da latência do reino divino em si mesmo, será prisioneiro de métodos divinatórios, predições, esconjuros, divindades, "Boris" e "ebós", impedido de se libertar, com a consciência imantada nas algemas gravitacionais da morfologia terrena.

Assim como a luz do Sol, que ilumina as peças de uma residência mas não adere à forma transitória do vidro das janelas, o espírito pode iluminar-se associado às configurações religiosas efêmeras do mundo, ativando a conscientização espiritual e vinculando-se a ritos e cerimoniais mediúnicos, mas nunca deve perder a autonomia sideral interna nem escravizar-se aos métodos ritualísticos externos – meras fórmulas disciplinadoras do intercâmbio interdimensional.

Rogamos a Oxalá que este livro denominado *Reza forte* contribua para os que são simpatizantes às nossas ideias e labores espirituais, para a libertação deles e para que a Umbanda seja cada vez mais uma religião libertadora, de amor incondicional, em conformidade com os desígnios traçados por Jesus.

Paz e Luz.
Ramatís
Porto Alegre, 21 de maio de 2013.

O Logos une Fílon de Alexandria a João, o Evangelista

Logos é uma denominação do Cristo Planetário*, considerado o Criador e o Verbo de Deus – Ele e o Pai são um. Tanto que Jesus, seu intermediário, dizia aos doutores da lei rabínica que, muito antes de Abraão nascer, Ele já era o "Eu Sou". No Novo Testamento, João Evangelista dá um lugar central ao Logos, descrevendo-o como Deus, o Verbo Criador que assumiu a carne no homem Jesus:

"No princípio era o Verbo, e o Verbo estava com Deus, e o Verbo era Deus." (João, 1:1)

"E o Verbo se fez carne, e habitou entre nós, cheio de graça e de verdade; e vimos a sua glória." (João, 1:14)

"As minhas ovelhas ouvem a minha voz, e eu as conheço, e elas me seguem; eu lhes dou a vida eterna, e jamais perecerão; e ninguém as arrebatará da minha mão. Meu Pai, que me as deu, é maior do que todos; e ninguém pode arrebatá-las da mão de meu Pai. Eu e o Pai somos um." (João, 10:27-30)

---

* O Cristo Planetário é uma entidade arcangélica, enquanto Jesus de Nazaré, espírito sublime e angélico, foi o seu médium mais perfeito na Terra (*O sublime peregrino*, de Hercílio Maes, Capítulo 5, "Jesus de Nazaré e o Cristo Planetário").

Muito o apóstolo João absorveu dessa concepção da filosofia grega, originária da intermediação eclética e univérsica dos textos escritos por Fílon de Alexandria, que viveu entre 10 a.C. e 50 d.C. e teve a oportunidade de ver Jesus pessoalmente em uma de suas preleções. Ele foi um dos mais renomados filósofos do judaísmo helênico que interpretou as Escrituras Sagradas utilizando elementos da filosofia de Platão. Estudou os textos exegeticamente, vendo neles muito mais do que os significados textuais. A hermenêutica – interpretação das Escrituras – desenvolvida por Fílon de Alexandria busca nas palavras a autenticidade da mensagem divina por meio de alegorias. Com essa forma de interpretação, vê nas escrituras rabínicas uma doutrina da existência de Deus. As palavras são somente um instrumento na tentativa de conhecer Deus, que, por princípio, não pode ser expresso em palavras.

Fílon estava convencido de que a fé judaica e a filosofia grega coincidiam em diversos pontos, em especial na busca da verdade. Para ele, existe um Deus único, incorpóreo e que não tem princípio. Deus criou o Logos, a atividade intelectiva de Deus, e ao Logos devemos a criação do mundo. O Logos é o que está entre Deus e os homens; é o intermediário da relação entre ambos. O Logos é o ser mais antigo, o primeiro a ser criado por Deus, e é também a Sua imagem.

Afirmou que Deus transcende tudo o que é conhecido pelo homem. Ele vai além dos limites da experiência material. O homem tem por fim voltar a se unir a Deus, perfeito e que não temos a capacidade de compreender. Para se unir a Deus, o homem tem de se libertar de sua ligação com o corpo. Fílon dizia que o homem é constituído por corpo, intelecto e espírito originário de Deus. A inteligência humana pode ser corrompida, e, quando é corrompida, ela se torna terrena. Mas se ela se liga ao espírito divino, vai descobrir a verdadeira vida.

Segundo Fílon, o homem pode levar sua vida de três maneiras: a primeira é ligada ao corpo como extensão física – essa é a forma mais básica e inferior. A segunda é a dimensão da razão, a nossa alma ligada ao intelecto – o homem nessa dimensão utiliza a razão para direcionar sua vida. E a última e superior é a ligada ao divino – nessa dimensão, a alma e o intelecto tornam-se eternos na medida em que estão ligados ao espírito divino.

"Em verdade vos digo...", conforme Jesus principiava a falar, era uma fórmula rabínica muito utilizada, simbolizando a verdade por meio do Verbo divino profetizado diretamente de sua palavra crística, provisoriamente humanizada, que se fazia o Verbo do Pai na Terra. Uma *reza forte* indestrutível, se interiorizada no âmago espiritual dos ouvintes.

"Ninguém deita remendo de pano novo em vestido velho; d'outra maneira, o novo romperia o velho, e o remendo novo não condiz com o velho. E ninguém deita vinho novo em odres velhos; d'outra maneira, o vinho novo romperia os odres, e entornar-se-ia o vinho, e os odres estragariam; mas o vinho novo deve deitar-se em odres novos, e ambos juntamente se conservarão. E ninguém que bebe o velho quer o novo, porque diz: 'Melhor é o velho.'" (Lucas, 5:36-39)

PERGUNTA: Alguns espiritualistas afirmam que já devemos saber o Evangelho e que o Alto, desde o advento de Jesus, enviou-nos outros ensinamentos para nos ocuparmos. Outros estudiosos ficam entediados com esse tema e dizem já existir livros demais sobre os ensinamentos do meigo Rabi. Esta obra – Reza forte – parece-nos uma repetição temática, já que é impossível uma abordagem nova dos ensinamentos de Jesus e das práticas mágicas populares, fazendo com que muitos anseiem um certo ineditismo provindo de sua autoria. O que pode nos dizer a respeito?

RAMATÍS: Aos irmãos em Cristo simpáticos aos nossos singelos labores com Jesus, informamos que do lado de cá sabemos ainda muito pouco sobre os ensinamentos transcendentais do Mestre que servem como referências para a nossa melhor compreensão e preparo para os planos superiores. Assim, rememorando Jesus ao nos instruir que "As palavras que vos digo são espírito e vida", concluímos que naturalmente o Mestre nos trouxe fundamentos metafísicos e transcendentais que sustentam os fins organizadores do Cosmo espiritual em benefício de toda a humanidade, e que devemos ininterruptamente relembrá-los, dentro da compreensão e do alcance mental de cada criatura, no contexto da época vigente.

Considerado um tratado cósmico educativo, do qual nunca findarão as interpretações que libertam os homens do próprio jugo, resta-nos repetir os conteúdos sob ângulos diferentes a cada vez, dado que não podemos tornar mais perfeito aquilo que já é perfeito: as Leis Divinas e o amor do Criador. *Amor chave mestra de libertação, que abre as portas para o ingresso no Mundo de Regeneração, deixando para trás o cálice da amargura que foi o ciclo terrícola de provas e expiações, depois do qual uma "nova" Terra espera a humanidade, que herdará o néctar divino redentor da fraternidade em escala planetária.*

Multiplicam-se *as velhas práticas mágicas populares com roupagem nova:* aqui, o jogo de búzios on-line; ali, a contratação do ebó (despacho) com cartão de crédito virtual; lá, a vidente que oferece consultas 24 horas pelo seu site; acolá, o apometrista que resgata a alma gêmea em tratamento a distância, utilizando entrevista com vídeo em tempo real. Nunca foram tão pujantes as *rezas fortes* disfarçadas com as técnicas modernas, e o amor, Verbo divino do Mestre, encontra-se adormecido nos cidadãos apressados em encontrar soluções rápidas e fáceis para os pretensos dissabores.

PERGUNTA: Percebemos que muitos confrades ficam entediados, como se já soubessem tudo de Jesus. Afinal, nos dias de hoje, já não temos literatura suficiente para descortinar os véus – mistérios – do Mestre?

RAMATÍS: Será eterno mistério a consciência cósmica alcançada por Jesus ("Não sabíeis que devo estar nas coisas que são do meu Pai?"), guia e exemplo a ser perseguido pelo devir dos tempos, já que nada há fora de Deus, o oceano único que gera a pluralidade das ondas que navegamos.

Jesus é espírito oriundo de paragens sidéreas inimagináveis a vocês e integrante de Alta Confraria Cósmica. Muito antes de o mundo existir, Ele já habitava planos celestiais que o faziam Um com o Pai. Antes de Abraão nascer, Ele já era o "Eu Sou"; e este espírito – Abraão – vibrou de júbilo quando soube que Jesus encarnaria.

Abraão (em hebraico Nirinü, Avraham ou 'Abhrãhãm) é uma personagem bíblica citada no livro do Gênese, a partir do qual se desenvolveram três das maiores vertentes religiosas da humanidade: o judaísmo, o cristianismo e o islamismo. É o primeiro dos patriarcas bíblicos e fundador do monoteísmo dos hebreus. Quando Jesus dava testemunho dessas verdades junto aos seus contendores – os fariseus, sacerdotes das sinagogas e parte da população israelita ortodoxa —, atiçava a ira deles, que não compreendiam como um homem que nem chegara aos 40 anos de idade podia existir antes de Abraão. E assim acusavam o Divino Mestre de herege, e tentavam apedrejá-lo até a morte, conforme preceituava aos heréticos a lei mosaica.

Nessas ocasiões, Jesus dizia: "Destruí este templo e eu o reconstruirei em três dias", referindo-se à destruição do seu corpo físico e à sua materialização perispiritual (ressurreição) após o holocausto d'Ele, o Cordeiro de Deus, que estava previsto. Os fariseus desairosos e judeus hipnotizados pela leitura estreita das Escrituras, como se já soubessem tudo dos mistérios divinos, ficavam entontecidos pela lógica transcendental do Mestre e se perguntavam, perturbados, como Ele poderia reconstruir o Templo em três dias se

Salomão* levara anos para tal. O anseio de retorno ao Criador é alimentado com o pão do Evangelho, e a massa nunca estará mofada, mesmo que assim o queira o intelectualismo árido dos incipientes humanos unidos em empáfia, como se fossem os fariseus e israelitas de antigamente que, com sua retórica, até o presente não sabem o que é o simples ato de amar, mesmo após várias reencarnações.

PERGUNTA: É possível evangelizar-se e não se ter amor?

RAMATÍS: Vocês podem até admirar uma cachoeira numa bela e vistosa tela pintada, fixada a uma parede, mas não molharão as mãos ao tocá-la, do mesmo modo como são uma fonte seca que não sacia a sede dos espíritos se pregardem as verdades dos Céus com perfeito domínio intelectual sobre um púlpito sem sentir amor pelos irmãos de caminhada.

O que dizem da dádiva da mediunidade que receberam (para os crentes evangélicos, dons do Espírito Santo) se, ainda assim, não têm nenhuma solidariedade para com o próximo? Em verdade, vocês vivenciam uma época de muitos centros espíritas, terreiros de Umbanda, igrejas, muitas bíblias e evangelhos desfolhados nos estudos, um derrame de conhecimentos espiritualistas e espiritistas, uma enchente de erudição coletiva, uma chuva de ortodoxia teológica, um crescente domínio dos doutorados, mas, lamentavelmente, constatamos, do lado de cá, que vivem tempos de baixíssima solidariedade, rara compaixão e quase inexistente misericórdia pela ausência de amor entre vocês.

---

* O suntuoso Templo de Jerusalém foi construído por Salomão e reservado aos sacrifícios e atos religiosos administrados pelo sumo sacerdote, enquanto as sinagogas eram várias e direcionadas à oração, leitura da palavra e interpretação do Velho Testamento. O rei Salomão começou a construir o Templo no quarto ano de seu reinado, seguindo o plano arquitetônico transmitido por Davi, seu pai (I Reis 6:1; I Crônicas 28:11-19). O trabalho prosseguiu por sete anos (I Reis 6:37, 38).

O ser que não ama mantém o Evangelho intelectualizado, mas não o internaliza no psiquismo profundo que sustenta as emoções, tal qual um sapo na água fria, dentro de uma panela em fogo alto: a água esquentará e ele morrerá cozido, pois não sentirá o aumento da temperatura do amor em seu Eu Superior bruxuleante. Assim está acontecendo hoje em dia. Muitos "sábios" espiritualistas do Evangelho, pastores crentes, religiosos diversos e assíduos espíritas acostumaram-se com os ensinamentos do Evangelho, mas não os vivenciam com ardência interior, iludindo-se com a temperatura do ambiente, já que são frios por dentro. Metamorfoseiam-se com os ventos da cultura narcísica vigente, demonstrando exímios conhecimentos do Evangelho, mas, em uma leitura destoante a respeito do serviço cristão, não se colocam na posição de servir. Em verdade, são servidos pela ausência de compaixão e misericórdia, filhas do amor que neles está morto, como sapos fervidos ou como frágeis paredes de tijolos sem reboco entre eles.

A falta do cimento do amor está generalizada em quase todos os centros religiosos de hoje. Vocês estão vivendo uma terrível época de escassez de amor. Tudo está funcionando, mais e mais igrejas são construídas, novos centros são abertos, como pedras sobre pedras sem a argamassa do amor. Tal como está na parábola do bom samaritano, os sacerdotes e os levitas* da atualidade são os médiuns que passam ao largo dos caídos à beira dos sofrimentos

---

* Originalmente, "levita" significa "descendente de Levi", que era um dos doze filhos de Jacó. Os levitas começaram a se destacar entre as doze tribos de Israel por ocasião do episódio do bezerro de ouro. Quando Moisés desceu do monte e viu o povo entregue à idolatria, encheu-se de ira e cobrou um posicionamento dos israelitas. Naquele momento, os descendentes de Levi se manifestaram para servir somente ao Senhor (Êx 32:26). Daí em diante, os levitas se tornaram ministros de Deus. Entre eles, alguns eram sacerdotes (família de Aarão), e outros, seus auxiliares. Embora os sacerdotes fossem levitas, tornou-se habitual separar os dois grupos. Então, muitas das vezes em que se fala sobre os levitas no Velho Testamento, a referência se aplica aos ajudantes dos sacerdotes. Seu serviço era cuidar do tabernáculo e de seus utensílios, inclusive carregando tudo isso durante a viagem pelo deserto.

porque perderam a capacidade de amar, pois preenchem o tempo correndo atrás de coisas que pertencem à cultura "eclesiástica" do momento, totalmente vazios de solidariedade e compaixão pelas almas errantes.

PERGUNTA: Pedimos maiores elucidações sobre a vivência evangélica com ardência interior. Não basta a palavra bem falada, devemos nos sentir "queimar" por dentro?

RAMATÍS: Normalmente vocês vivem inconscientes de suas ações. Subconscientemente, seus pensamentos automáticos são disparados de esquemas cognitivos impressos na mente e, por ressonância, na malha sináptica neuronal. São crenças limitadoras que foram se impregnando, notadamente por padrões verbais impostos, reprimendas, admoestações, acusações, estabelecendo os recalques e traumas mais profundos do psiquismo.

Sabendo que as palavras são decorrentes dos pensamentos, Jesus entendia que o Verbo tinha o poder de induzi-los. A palavra evangelizadora nasceu da necessidade de expressar os ensinamentos do Mestre, e, ao mesmo tempo, pode alterar os sistemas internos de crenças ou esquemas cognitivos cristalizados no ser. Por isso, é uma chave rabínica e de libertação a afirmativa "Em verdade vos digo". As verdades cósmicas, alojadas na capacidade de síntese e apurada perspicácia de Jesus, tinham a capacidade de libertar as consciências que se deixavam conduzir fervorosamente pela voz do inigualável Rabi da Galileia.

Sem a efervescência interna, as palavras por si só eram inócuas, e, por isso, muitos não se tornavam discípulos da Boa Nova, mesmo que soubessem muito das Escrituras. Segundo as palavras do Mestre ("Eu vim para lançar fogo à Terra, e que quero senão que arda?"), o verdadeiro cristianismo é fogo ardente e o homem crístico se queima por dentro, já que sua chama interna se incandesce. O fogo é luz, calor, energia; luz simboliza sabedoria. O ser se incendeia por dentro e compreende a verdade de que nada se realiza se ele mesmo não possuir essa luz em si, dinamicamente experienciando o amor com Deus, que o conduz à saúde perene e a plenas realizações psíquicas, emocionais e espirituais.

A luz do Divino Logos ilumina a todos, mas nem todos são conscientes dessa luz do Cristo interno, assim como os candeeiros, com as lamparinas apagadas, não servem para iluminar os passos do caminhante. Somente aqueles em quem o Cristo se faz ardente intimamente renascem em espírito e podem ver o Reino de Deus. Simbolicamente, Jesus lança fogo à Terra para que todas as almas ardam num processo de avivamento crístico interno e, por um efeito de "reação em cadeia", prossigam iluminando e amando outras almas, como achas de lenha em combustão que queimam umas às outras numa grande fogueira libertadora, atuando o Cristo Cósmico em larga escala planetária, até que o Reino seja proclamado em todas as criaturas – a segunda vinda do Cristo.

O entendimento intelectual do Evangelho por si só é como o fogo pintado em uma tela bonita: não tem ardência e não queima. Os eruditos que não sentem em si a chama do Cristo são como quadros a serem admirados numa galeria, pela sua própria elucubração verborrágica nos palcos dos templos modernos. Aquele que tem uma experiência interna vívida é como o fogo real, e basta uma chispa dele, qual pequeno grão de mostarda, para incendiar uma floresta e remover montanhas.

O maior dos mandamentos organizadores do Cosmo

PERGUNTA: Um dos mandamentos fundamentais nos diz para amarmos nosso próximo como a nós mesmos. Ordenar que amemo-nos como Jesus nos amou não é exigir demais diante do nosso ainda primarismo espiritual?

RAMATÍS: Obviamente, Jesus entendia mandamento como desdobramento das leis criadas por Deus para a condução das criaturas ao Reino dos Céus, libertando-as do jugo delas mesmas, que as fixa nos planos inferiores da vida. O meigo Rabi não sentenciaria imposições que maculassem o livre-arbítrio, e muito menos obrigações punitivas. O conceito de mandamento é fixado de forma magistral por Jesus no diálogo com um sacerdote, doutor da lei rabínica:

"E um deles, doutor da lei, para experimentá-lo, interrogou-o, dizendo: 'Mestre, qual é o grande mandamento na lei?'. Respondeu-lhe Jesus: 'Amarás ao Senhor teu Deus de todo o teu coração, de toda a tua alma, e de todo o teu entendimento. Este é o grande e primeiro mandamento. E o segundo, semelhante a este, é: Amarás o teu próximo como a ti mesmo. Destes dois mandamentos dependem toda a lei e os profetas'" (Mateus, 22:55:35-40).

O termo *mandamento* não deve estar associado a uma ordem sob pena de punição se descumprida. A execução da Lei Divina que rege os movimentos ascensionais depende, como sentencia o Mestre, do amor a Deus em primeiro plano e a si mesmo em segundo. Esses mandamentos precedem todos os demais, já que o ser que não ama a Deus se desconecta da fonte criadora e mantenedora da harmonia cósmica, entrando num processo contínuo de esgotamento fluídico perispiritual que o levará, se persistir o desamor, à aquisição de doenças no corpo físico.

Aquele que consegue amar a Deus acima de todas as coisas necessita, no mínimo, para estar sintonizado com o Cosmo, também amar seus semelhantes como a si mesmo. Embora "amar o outro como a vós" seja uma condição de igualdade, é, em verdade, um mínimo de amor, uma vez que Jesus sabia de sua dificuldade de amar e que, obviamente, não conseguiriam amar o próximo sem amar a vocês mesmos, o que seria um despropósito diante do primarismo espiritual coletivo de um orbe inferior, de provas e expiações.

Em verdade, Jesus ama a humanidade em voltagem potencialmente maior do que os encarnados podem compreender e suportar em seus corpos perispirituais densos. A imanência sutil do Mestre lhes penetra e raramente vocês conseguem se conectar a Ele. Jesus esqueceu de si próprio e amou a todos, ascensionando ao Pai, e com Ele se tornou Um novamente, já que d'Ele veio. E, ao se impor um primeiro calvário sacrificial – o árduo e sofrido descenso vibratório dos planos celestiais para encarnar —, "separou-se" da Unidade Cósmica para se abrigar num escafandro grosseiro, um corpo humano. Ainda assim, amou com tal intensidade as criaturas humanas que anulou seu ego ilusório, entregando seu corpo físico transitório como cordeiro de Deus, em seu segundo holocausto[*] redentor para a humanidade. Em verdade, Jesus disse aos apóstolos, após o lava-pés: "Assim como eu vos amei, amai-vos uns aos outros" minutos antes de ser preso e iniciar-se seu calvário. Recomendou o Mestre que entre seus discípulos não houvesse sentimentos de superioridade. Exigiu-lhes mais em doação de amor do que aos cidadãos comuns, porque amar como Ele amou supera sobejamente "amar como a si mesmo".

Infelizmente, amais o outro de forma ilusória, condicionado ao vosso sistema de crenças internas, identificado com o eu personalístico periférico, que se compraz e tem simpatia por tudo que é parecido e agradável ao seu sistema de valores transitórios, exigindo do outro que seja igual a vós para o amardes. Da mesma forma que o filhote de águia tem que ter um mínimo de penas para uma adequada envergadura das asas nos seus primeiros voos, deveis ao menos amar o próximo como a vós mesmos para conseguirdes planar rumo ao Pai, sem vos machucar gerando carma negativo pela ausência de amor. Ocorre que ainda não conseguis amar incondicionalmente, com o vosso eu essencial, crístico, embora esse fulcro central vibre amor pela sua potencialidade divina latente, momentaneamente hibernando na mônada espiritual que aguarda sua estação cósmica de germinação para integrar-se ao amor plenamente cristificado.

---

* Nota de Ramatís – O primeiro holocausto de Jesus foi sua descida angélica à Terra. Tratando-se de entidade de alta estirpe sideral, um espírito desvencilhado, havia milênios, de qualquer contato vibratório com os planos dimensionais que tangenciam os orbes físicos, obviamente sua readaptação a um corpo físico e à genética humana foi um sacrifício que superou o calvário da crucificação e demonstrou o amor em amplitude cósmica que vocês ainda não podem compreender, assim como não conseguem olhar diretamente para o Sol sem danificar os olhos. Para maiores elucidações sobre Jesus e sua descida à Terra, indicamos a leitura da obra *O sublime peregrino*, de Hercílio Maes.

PERGUNTA: Entendemos que o amor é fator de saúde perispiritual e física, pois muitas doenças são causadas pelo desamor. Quais seriam as consequências da falta de amor nas religiões?

RAMATÍS: Na primeira vez que visitou Jerusalém, a orgulhosa capital de Israel, acostumado à "maresia" suave que cobria as comunidades simples que habitavam ao largo do mar de Tiberíades, na Galileia, Jesus surpreendeu-se com os cheiros pútridos dos esgotos abertos nas ruas malconservadas inundando suas narinas sensíveis, acostumadas aos odores suaves da natureza pura em suas peregrinações. O amoroso Rabi tinha seu chacra frontal completamente desenvolvido e, assim como o condor voando enxerga a serpente rasteira na escarpa montanhosa, com sua acuidade clarividente extraordinária foi inevitável visualizar os miasmas exalados pelos habitantes (encarnados e desencarnados) da cidade "gloriosa" do judaísmo, chafurdada numa crise de natureza econômica e moral, com uma população sedenta de prodígios, explorada pelos religiosos concupiscentes sem nenhum amor e pelos romanos, tributaristas implacáveis.

Mesmo o templo principal tendo sido ornado com madeiras nobres do Líbano e painéis de ouro maciço, a miséria espiritual reinava e os recintos internos da catedral israelita não convidavam à introspecção religiosa pela frieza formalista dos sacerdotes, que só queriam remunerar-se pelos ritos de purificação aplicados, como santos de pau oco, bonitos por fora, mas vazios por dentro.

No entorno do templo, negociantes de todo tipo e vendedores de animais destinados ao holocausto misturavam-se a centenas de sacerdotes dependentes de dízimos, de ofertas e dos restos de carne dos bichos sacrificados para se alimentarem. Havia ainda uma estrutura subterrânea de canaletas nauseabundas que escoavam do altar dos sacrifícios, vindo direto do templo e desaguando em condutos mais largos que levavam às valas públicas de esgotos, movimentando o sangue putrefato dos irmãos menores, imolados em nome de Deus, direto para o rio Siloé.

Era um clima psíquico repugnante que tornava a aura da cidade quase insuportável para Jesus, por suas exalações mórbidas. Aglutinava-se enorme quantidade de espíritos malfazejos vampirizadores, que perambulavam, desocupados, sedentos dos eflúvios etéreos sanguinolentos, ao redor da "igreja" principal dos herdeiros de Abraão. A falta de amor fazia da religião um disfarce para a exploração dos pobres e sofridos de todos os gêneros, e servia um banquete para o Astral inferior, que se locupletava prazerosamente com a mortandade servida nas liturgias vigentes.

Entristeceu-se o coração amoroso do Rabi da Galileia com o que viu nos dois planos de vida. Fechou os olhos por momentos, imaginando-se no lago de Genesaré, no meio dos simples e amorosos pescadores, energizando-se em desdobramento astral imposto pela sua dilatada força mental de iogue avançado, assim suportando aqueles chocantes momentos iniciais de contato com a paisagem humana degradada, ensimesmada e mórbida em suas doenças degenerativas, sequiosa de milagres, a qual o poder temporal da religião dominante, com falsos preceitos e ritos de imolação, supunha "purificar". Almas decaídas, hipnotizadas pelas exterioridades do mosaísmo punitivo, pagavam aos doutores da lei para terem seus pecados expiados pelos bodes e touros queimados no altar sacrificial, num círculo vicioso que somente o Messias enviado, com seu holocausto, conseguiria interromper.

Caminhava Jesus, a pomba branca da paz, entre lobos, hienas e chacais que disputavam ferrenhamente as mesmas presas. Quando Ele começou a tocar os corações com seu Verbo, apresentando seu programa redentor, houve uma tremenda comoção social, como se um raio de Sol cortasse a noite escura, do Oriente ao Ocidente, da crosta aos umbrais, dos céus aos infernos, anunciando a iluminação das consciências pelo amor incondicional que se irradiava para todo o planeta. Tal qual a gota do mar que retorna ao oceano, houve o reencontro da humanidade com o Todo Cósmico amoroso, "materializado" no Messias, união que existia quando o Pai vos criou d'Ele mesmo, chispas da Luz Divina.

Refleti sobre onde estão hoje os modernos templos de Jerusalém e os localizareis com seus pastores midiáticos enfarados, magos fesceninos, pais de santo com facas na mão, expositores doutrinários cheios de sofismas e verborragia que ditam a cartilha da verdade, escritores sectários das revelações divinas, médiuns mercenários poderosos, projetores astrais facilitadores, mestres e gurus da Nova Era... Infelizmente todos cheios de si mesmos, como vasos repletos de pó ressecado que não deixam entrar a luz solar, consequência nefasta da falta de amor vigente nas doutrinas e religiões terrícolas por eles abraçadas e defendidas.

PERGUNTA: Então, quando Jesus sentenciou "Este é o meu mandamento: amai-vos uns aos outros, assim como eu vos amei", dirigiu-se aos apóstolos que estavam sendo treinados para se tornar futuras igrejas vivas, os Verbos evangelizadores das massas, e não diretamente aos cidadãos comuns. Logo, estamos livres de amar como o Mestre nos amou. É isso?

RAMATÍS: Obviamente, todo aquele que se dispõe a ser "apóstolo" vivo de Jesus, como os médiuns da atualidade que abraçam a doutrina do Cristo em suas diversas frentes de mediunismo na Terra, é mais responsabilizado perante as Leis Divinas do que o cidadão comum, uma vez que, para evangelizar, deve primeiro se evangelizar. E como é evangelizando que o instrutor é evangelizado, nada mais difícil do que vocês, médiuns, internalizarem o amor incondicional de Jesus – tarefa de Hércules, já que os medianeiros são almas enfermas e em processo de retificação, por misericórdia do Alto, exatamente por terem vencido galhardamente e subjugado seus pares com desamor na conquista dos ouros da materialidade em encarnações pretéritas, fugindo de maiores esforços espirituais.

Aprofundando este singelo estudo sobre o amor, citamos o livro *Sublime peregrino*, recomendando aos apóstolos:

"Como meu Pai me amou, assim também eu vos amei. Permanecei no meu amor. Se guardardes os meus mandamentos, permanecereis no meu amor, assim como eu guardei os mandamentos de meu Pai e permaneço no Seu amor. Eu vos disse isso para que a minha alegria esteja em vós e a vossa alegria seja plena. Este é o meu mandamento: amai-vos uns aos outros, assim como eu vos amei. Ninguém tem maior amor do que aquele que dá sua vida pelos amigos. Vós sois meus amigos, se fizerdes o que vos mando. Já não vos chamo servos, pois o servo não sabe o que faz o seu senhor. Eu vos chamo amigos, porque vos dei a conhecer tudo o que ouvi de meu Pai. Não fostes vós que me escolhestes, mas fui eu que vos escolhi e vos designei para irdes e para que produzais fruto e o vosso fruto permaneça. O que então pedirdes ao Pai em meu nome, Ele vo-lo concederá. Isto é o que vos ordeno: amai-vos como eu vos amei." (João, 15:09-17)

Jesus ampliou todos os demais mandamentos com um novo, para que o fruto do Cristo interno amadureça dentro dos seres – o amor incondicional. Para a alegria do Cristo se corporificar no interior do psiquismo de profundidade e o espírito se plenificar em si mesmo, a receita é o amor. O amor não estabelece relações serviçais e iguala os seres numa amizade cósmica. Quando o amor incondicional vibra no espírito, muito difere da imposição de "amar assim como ama a si mesmo". Ele aceita as diferenças e não impõe igualdades, rasga os rótulos religiosos ilusórios, rompe as barreiras raciais, nivela as diferenças econômicas, descomprime falsos sensos de superioridades doutrinárias, pacifica os seres, enfeixando a todos numa mesma bandeira de amor pleno, completo, absoluto, de compaixão e misericórdia, que não impõe condições ou limites para amar.

Seu orbe não estaria doente e com a aura planetária em estado lamentável se mais homens amassem incondicionalmente. Quem ama assim não espera nada em troca; o amor está em primeiro lugar, e não é um amor reduzido, interesseiro e frágil, é um amor largo, que reduz as portas abertas da inferioridade e do primarismo espiritual, já que é generoso, altruísta e infinito. O amor condicional é finito e se mantém com os apelos amplos do ser identificado com a personalidade transitória. É o amor que é dado apenas com base em determinadas condições, no mais das vezes baseado em igualdades que estabelecem satisfações do ego, num mecanismo inconsciente de projeção primitiva, em busca de alguma vantagem, como ocorre na aceitação do outro (eu te amo para que tu me aceites em minhas exigências e expectativas psicológicas de troca).

Jesus tem um amor incondicional pela humanidade, e entregou seu corpo físico ilusório ao holocausto quando esteve encarnado na crosta. Quando lhes recomenda "Amai-vos como eu vos amei", traça um esquema evolutivo para desatrelar vossa mente do ego ilusório, transmutando as culpas, os medos e recalques originados pela busca insana da satisfação dos desejos mundanos egoísticos e marcados no perispírito, frutos de encarnações passadas. O Divino Psicólogo das almas e inigualável Pedagogo Sideral força-os à sublimação amorosa superior, impulsionando vossa consciência a encontrar a essência perene e imortal, qual sopro que atiça a labareda – a chama crística – dentro de vocês.

É chegada a hora da germinação definitiva – a herança da Terra regenerada

PERGUNTA: Jesus não foi o único que falou de amor; outros avatares, deuses ou santos o substituem nas religiões vigentes. Verificamos que irmãos de algumas searas espiritualistas no Brasil inclusive o negam, como nas práticas mágicas populares remanescentes dos cultos africanos. Isso é certo?

RAMATÍS: Não somos afeitos, em nossos singelos textos, a estabelecer julgamentos do que seja certo ou errado, o que seria um descabido senso de superioridade religiosa, uma vez que a existência carnal é transitória, um mero suspiro do espírito imortal entre as reencarnações sucessivas. Elas a todos educarão, escoimando as superficialidades dos personalismos ilusórios. Contudo, é notório que Jesus, em todos os tempos, sempre teve inimigos que tentaram esvaziar seu legado crístico à humanidade, taxando-o de simples repetidor do que já fora dito por outros "enviados" divinos. O atavismo cristalizado na forma de impulsos comportamentais é como rocha que não se desloca facilmente. Renascem ainda na carne, seguidamente, novos fariseus e saduceus que se espraiam nas diversas religiões para vivenciar as diferenças, mas recaem em condicionamentos, como se tivessem olhos que veem uma única cor retratada pelo prisma do Criador, até que sejam removidos como cegos para outro orbe, pois não herdarão a Terra regenerada se não souberem amar com maior envergadura.

Claro que antes d'Ele houve espíritos que contribuíram para adubar o terreno para sua semente definitiva, e a própria História registra isso. Entre tantos que o procederam, poderíamos mencionar: Fo-Hi, Lao-Tsé e Confúcio, na China; Krishna e Sidarta Gautama, na Índia; Zaratustra, na Pérsia; Sócrates, Platão e Aristóteles, na Grécia; Moisés, no Egito; e, no panteão de todos os povos, sempre houve deuses humanizados que contribuíram para a evolução, *mas nenhum deles amou como Jesus*. Não lhe bastou o mero amor, Ele foi além nas recomendações: amar como a si mesmo, amar como Ele amou. E superou seus antecessores quando recomendou amar os inimigos: "Tendes ouvido o que foi dito: 'Amarás o teu próximo e poderás odiar teu inimigo'. Eu, porém, vos digo: Amai vossos inimigos, fazei bem aos que vos odeiam, orai pelos que vos maltratam e perseguem'" (Mateus, 5:43-44).

PERGUNTA: Acreditamos que a maioria da população humana seja incapaz de amar seus inimigos. Quando muito, nós, que nos propomos a ser espiritualistas e religiosos, conseguimos perdoar a ofensa do inimigo, mas amá-lo ainda nos é impossível. Isso não é um paradoxo insuperável?

RAMATÍS: Em verdade, nem os discípulos mais próximos tinham noção da revolução que Jesus propunha em seus últimos dizeres; eles que seriam os futuros apóstolos. Tratava-se da morte do homem velho, extinto pela chama do amor, que transforma em cinzas as crueldades dos conceitos mais mesquinhos, dando lugar ao homem novo, renascido e clareado pelas labaredas inextinguíveis do amor irmanado d'Ele e vivenciado com Ele.

O amor jamais fora exaltado a tal culminância como o foi com Jesus. Tolerar pacientemente os inimigos, resignar-se e suportar as infâmias, não servindo como instrumento de mal maior pelo desejo de revide, não deixar-se contaminar pelos sentimentos de melindres e mágoas pelas ofensas, tudo isso já significava um esforço quase irrealizável, um sacrifício, qual cume inalcançável para um manco ou coxo, assim como o céu estrelado é invisível aos cegos.

Amar os inimigos, porém, era demasiado, ultrapassava os limites da compreensão de um povo tosco e sofredor, de cidadãos excessivamente apegados à existência trivial e à transcrição fria da letra mosaica, que recomendava "olho por olho e dente por dente". Não percebiam, aqueles seres simples que raramente viviam mais de 50 anos na carne frágil, aprisionados aos fenômenos externos causados por um Deus punitivo, que os verdadeiros milagres de Jesus aconteciam no mundo interno de cada criatura – e os cegos de visão espiritual enxergariam, e os aleijados pelo egoísmo andariam ao amarem seus semelhantes. Esse tipo de milagre, perene no psiquismo mais profundo dos seres e, ao mesmo tempo, um detonador psíquico por sua alta potencialidade de modificação íntima, seria gerado pelas emoções recorrentes do amor, que produz a paz naqueles que o experimentam e notadamente é propiciador de regozijo interno profundo e inigualável.

O amor os liberta de vocês mesmos e de seus inimigos. Resta seus inimigos serem tocados e os perdoarem, já que, no mais das vezes, são algozes, e não vítimas de seus desafetos. A libertação ocorre quando todos os envolvidos não têm dívidas a quitar.

O perdão com amor faz romper os grilhões da inquietude do espírito com a vida real desconhecida, vos erguendo do abismo criado por vocês mesmos. Ninguém como Jesus encarnou na Terra e deixou recomendação de libertação espiritual com tal alcance cósmico, com possibilidade de realização interna imediata e proporcionando plenitude na etapa evolutiva em que a humanidade se encontra.

Observações do médium

Enquanto estava psicodigitando este capítulo, cheguei a um impasse no momento de escrever sobre a orientação de Jesus de amar os inimigos. Um bloqueio psíquico, pois, de certa forma, entendia que perdoar as ofensas já seria o suficiente, e que amar os desafetos poderia ficar em segundo plano.

Então, após ler bastante, altas horas da noite fui me deitar pensando na dificuldade de escrever sobre um tema como esse, querendo me eximir da tarefa. Não consegui conciliar o sono profundo e fiquei na cama meditando. Naquele estado de sonolência típico entre estar adormecido e em vigília, senti-me deslocar do corpo físico, como se a cama deslizasse levemente para baixo, e entrei num estado como de catalepsia, um tipo peculiar de entorpecimento do corpo físico, como se tivesse tomado uma anestesia geral sem perda de consciência.

Assim, sem ser dono da minha psicomotricidade, Ramatís se encaixou perfeitamente em meu corpo astral, ocorrendo uma incorporação completa, ficando minha mente totalmente passiva à inteligência extracorpórea de outra consciência, experiência rara, por ser em desdobramento astral, que nunca havia ocorrido com Ramatís, somente com Vovó Maria Conga e Caboclo Pery, entre outros amigos espirituais, dependendo da necessidade mediúnica caritativa. Como se meu corpo físico diminuísse, anestesiado, Ramatís "falou" comigo como nunca antes havia feito, usando meu aparelho fonador perispirítico, escutando eu mesmo uma psicofonia com minha própria voz, com esse amigo espiritual usando os meus recursos psíquicos:

Tem que amar seus inimigos. O fato de só perdoar as ofensas necessariamente não faz com que eles perdoem as ofensas que cometeu, ou você acha que é sempre a pobre vítima? Esquece que, no mais das vezes, foi algoz, e somente o amor tem a força de sublimar desafetos recíprocos, libertando-os do jugo que os faz pagar até o último centavo e os mantém retidos nas reencarnações. Reflete que é em verdade o inimigo daqueles que você acha que são seus inimigos. O fato de perdoar e amar ainda assim não garante que sejas amado por eles. Certo é que, enquanto eles não sentirem seu amor sincero, maiores dificuldades terão para lhe amar, e, não te amando, obviamente não o perdoarão sinceramente, mantendo-o preso ali, de onde almeja se libertar desde eras remotas. Aquele a quem muito é dado, muito lhe será pedido, e não tenha dúvida, abundantemente lhe tem sido ofertado. É chegada a hora da germinação definitiva do amor no espírito de vocês.

Após essa comunicação, apropriei-me novamente do comando de meu corpo astral e me vi, ainda desdobrado, numa ruela de uma antiquíssima cidade, com seus casebres de pedras. À frente, vi cair suavemente uma linda pipa azul. Num impulso, como criança (adorava soltar pipa quando era garoto, no Rio de Janeiro), corri para pegá-la. Quando o fiz e levantei a cabeça, vi Ramatís na forma de uma criança de uns 12 ou 13 anos, magrinho e muito doce, visivelmente um hindu, pela tez amorenada e trajes típicos, cabelos negros muito lisos às costas e sem turbante, que me disse em pensamento:

A pipa solta é como o espírito que não ama: perde a ligação com o Criador e cai ao chão. De longa data, muito antes do êxodo dos hebreus do Egito, acompanho as existências físicas de um grupo de espíritos caídos, os quais amo ardorosamente e que vieram exilados de outro orbe para estagiar na Terra. Com autorização direta de Jesus, elaborei um plano cármico para esse agrupamento, no sentido de que adquiram e internalizem o verbo amar e alterem seu padrão vibratório, bem como um esquema de trabalho e cooperação recíproca para quando estiverem encarnados como médiuns, em favor da coletividade humana e deles mesmos, para assim conseguirem se libertar do jugo terrícola e retornar ao nosso planeta de origem. Obviamente, dentro do carma da própria Terra, muitos não conseguiram "apressar" sua evolução e recaíram em condicionamentos antigos, o que infelizmente os levará ao exílio em orbes inferiores à Terra, em que não poderei mais lhes tutelar. Urge o amor em seu espírito; só isso poderá "salvá-los".

Voltei, resignado, ao meu corpo físico, consciente da seriedade dos fatos diante dos "tempos chegados". Mais fervorosamente, me entreguei às tarefas mediúnicas, doravante plenamente convicto da benevolência e do amor abundante daqueles que tutelam nossas existências.

Jogo de búzios, predições, métodos divinatórios e oraculares

PERGUNTA: Qual o motivo por que as predições (adivinhações) fascinam tanto as pessoas?

RAMATÍS: O espírito do homem é a síntese das faculdades criadoras do próprio Deus em miniatura. Naturalmente que o fato de o homem ter sido feito à imagem e semelhança do Criador não lhe dá a potencialidade cósmica da Mente Universal, tal como não podeis sentar à sombra da semente do carvalho. Falta ao homem a germinação das suas capacidades criativas, que estão temporariamente adormecidas. Embora a luz que o anime seja a mesma dos astros celestes, encontra-se como lampião cheio de fuligem acumulada: o produto de centenas de milhões de vidas, entre derrotas e vitórias, equívocos, amores, ódios, tragédias, alegrias e tristezas. Até que consiga refulgir em toda sua claridade espiritual, o atavismo dos instintos primários e animais nublará sua consciência.

O homem costuma traçar planos minimizando as contingências que podem surgir, e o futuro é a pedra do caminho a ser removida. Pelo medo do porvir, tenta penetrar no desconhecido de diversas maneiras. Quando sua racionalidade precária não consegue respostas aos acontecimentos futuros, sobressai a busca desenfreada pelos métodos sobrenaturais, mediante sinais e técnicas ocultas, na maioria das vezes com assistência de espíritos do lado de cá.

Antigamente, as artes divinatórias estavam associadas a ações vitais em prol da coletividade: casos de mortes e doenças, situações sociais e econômicas, perdas e calamidades. Hoje, os dons oraculares estão banalizados pela sanha mercantilista dos seus porta-vozes: ali, a cartomante, na praça pública, tenta garantir o ganho do dia; lá, o jogo de búzios é realizado a distância pela rede mundial de computadores, bastando ter um cartão de crédito; aqui, o destino é distorcido, desde que se faça um trabalho forte para agradar o "santo"; acolá, uma mãe desesperada pela separação prematura promete alta soma se o vidente fizer o marido mudar de ideia.

Diante da urgência de resultados rápidos, o sábio e prudente oráculo das tribos de antigamente é figura ultrapassada como mediador entre o sagrado e os seres humanos. Os verdadeiros valores espirituais na relação com Deus resumem-se a trocas esporádicas, rápidas e pagas aos espíritos "divinizados", e os próprios religiosos são os responsáveis por incentivar uma clientela sedenta de favores sem o mínimo de esforço, esquecendo-se as criaturas que não é duradoura a ventura que depende da existência de métodos e objetos externos. Alegria e júbilo, felicidade e saúde, equilíbrio e paz de espírito são firmados e derivados de um estado de consciência totalmente liberto do determinismo do tempo e espaço.

PERGUNTA: Mas existem sacerdotes sérios que jogam búzios na Umbanda. O que pode dizer sobre isso?

PAI TOMÉ: Meu filho, nosso propósito neste singelo livro é fazer alguns alertas de esclarecimento à luz dos ensinamentos libertadores de Jesus. Sabedores das muitas influências no amplo universo das religiões mágicas no Brasil, interessa-nos notadamente abordar "nossa" Umbanda em sua diversidade ritual. O processo de jogos de búzios, com as respectivas combinações, daria uma obra à parte e fugiria da presente proposta. Basicamente, é um sistema de jogo baseado em 16 odus (destinos) que se dividem em 70 caminhos possíveis. É realizado com a utilização de conchas marinhas compostas de duas faces, e a posição que os búzios tomam ao ser lançados (abertos ou fechados) dá uma interpretação referendada num Itan (história) dos mitos dos Orixás, que deve ser contextualizado no presente momento. Obviamente, requer do sacerdote muito estudo, prática e seriedade nas predições que serão elaboradas para os consulentes, respeitando-se os valores atuais de merecimento e livre-arbítrio amplamente difundidos nas religiões dignas de nossa atenção. Ao explicar ao ser humano as causas da vida e da morte, devem ser seguidos a ética, a moral, o respeito e o amor ao próximo. A partir dessas informações, os consulentes devem ser orientados a refletir a respeito do que terão de mudar internamente para se tornarem melhores, e assim angariarem merecimento para uma vida mais feliz.

Quando o jogo de búzios é realizado por dirigente sério, zeloso e diligente, bons espíritos o assessoram e enxergam esse sistema como um complemento natural dentro dos ritos e liturgias dos terreiros de Umbanda. Infelizmente, cada vez mais o conhecimento das artes africanas divinatórias se perde e se enfraquece pelo despreparo sacerdotal vigente.

RAMATÍS: Existem princípios sólidos que sustentavam a ética entre os antigos iorubás, representada na frase "eko iwa rere", que significa "ensinando o bom caráter". A formação dos sacerdotes de Ifá, na antiga África, incluía diretrizes éticas para aqueles que intencionavam trabalhar com a adivinhação oracular. Não se trata de um conjunto de regras, mas, antes de tudo, um apanhado das expectativas comuns colhidas ao longo do tempo pelos anciões detentores da sabedoria e da tradição oral. Essa cultura milenar impregna o senso comum da comunidade, no sentido de que o adivinho (Áwo) só usará a palavra para expressar e recomendar boa saúde e higiene, devendo ser exemplo vivo, bebendo e comendo com moderação e tendo uma vida reta diante da coletividade. Os que não tinham uma boa colheita nas plantações particulares prestavam serviço à comunidade em troca dos serviços de adivinhação do sacerdote. As mercadorias dadas como pagamento pelos que podiam pagar eram redistribuídas aos que tinham menos, realimentando um sábio processo de manutenção tribal. Infelizmente, hoje em dia, na pátria verde e amarela, a maioria dos adivinhadores são os primeiros a se aproveitar da dor e do sofrimento alheios para lhes tirar todos os vinténs disponíveis, numa total degradação do sistema ético dos genuínos sacerdotes africanos, caracterizando um sistema divinatório aviltado diante das Leis Divinas, baseado no toma lá dá cá: quem mais tem, mais paga para receber benesses dos "Orixás".

PERGUNTA: Nos aspectos relacionados aos Orixás e sua influência dentro da religião Umbanda, ao falarem no futuro ou em odus, já escutamos: "é destino, não tem jeito". Pode nos dizer algo a respeito?

RAMATÍS: Uma religião se cerca de um conjunto de crenças que formam um corpo doutrinário teológico. A Umbanda é rica em diversidade, mas não foge às leis universais que regem a harmonia do Cosmo. A prática umbandista dentro de um agrupamento pode ser entendida como um conjunto de normas rituais com regras de moralidade e culto que disciplinam o intercâmbio mediúnico com o mundo sobrenatural, considerado sagrado. Claro está que a influência africana (nagô) que substancia a escolástica ou teologia dos Orixás com seus conhecimentos milenares, como o são os odus (destinos), conhecidos como *signos de Ifá*, está fundamentada na fé em uma única Divindade Maior (Olodumare); na crença na existência e sobrevivência do espírito (Emi); e no mérito ou demérito das ações dos seres humanos (ewo), ancorados na lei moral ditada pela consciência imortal (ifá ayá) que, em verdade, é a Lei de Deus, independentemente de denominações religiosas terrenas.

Os antigos sacerdotes iorubás tinham um profundo senso religioso e clara noção da Lei de Causa e Efeito, embora não fossem afeitos a compunções, como são até os dias atuais os judeus cristãos. Infelizmente, muitos "sacerdotes" hoje se valem parcialmente desses conhecimentos milenares para fazer toda sorte de trabalhos mágicos distorcidos, previstos no jogo de búzios com o único objetivo de ganho financeiro, prometendo uma gama de felicidade com a máxima rapidez, como se fossem despachantes de milagres espirituais.

Certo está que os odus não são destinos irremediáveis, deterministas, e sim um rico sistema milenar da filosofia religiosa do povo nagô e de suas crenças nos Orixás que está enraizado em muitos terreiros de Umbanda que se utilizam de um sistema oracular divinatório sistematizado. Em verdade, são tidos como formas de resposta oracular, em que o sacerdote (babalaô, o Pai de Segredo) realiza de forma sistemática a leitura dos odus (ou destinos), denominados caminhos, de maneira que o sistema do oráculo se baseia num sem número de mitos conhecidos como Itan Ifá. Nesse sistema, a mitologia dos Orixás é extremamente importante, estruturando aspectos humanizados da existência em todas as fases, desde o período antes do nascimento até após a morte carnal, cujas regras encaminham o homem para o equilíbrio existencial no presente ou o "molestam" para que encontre seu caminho o quanto antes, sua verdadeira vocação ou missão reencarnatória. O exercício do livre-arbítrio e as ações implementadas no lufa-lufa da existência humana atual têm influência nos rumos de cada ser, e os sacerdotes sérios saberão identificar a correta interpretação individual dos odus, nunca afirmando "é destino, não tem jeito", do mesmo modo como Jesus orientava sem destruir a lei.

Observações do médium

Faz-se necessária uma breve explicação sobre os métodos divinatórios utilizados. O babalaô (Pai que possui o Segredo) é o sacerdote do culto de Ifá responsável pelos rituais e iniciações. Todos no culto dependem de sua orientação e nada pode escapar do controle. Por garantia, ele dispõe de *três métodos diferentes de consultar o oráculo* e, por intermédio deles, interpretar os desejos e determinações dos Orixás: *Òpelè-Ifá, jogo de Ikin* e *Opon-Ifá,* tábua sagrada feita de madeira e esculpida em diversos formatos – redonda, retangular, quadrada, oval -, utilizada para marcar os signos dos odus (obtidos com o jogo de Ikin) sobre um pó chamado lerosum. Método divinatório do culto de Ifá utilizado pelos babalaôs.

Irofá: instrumento utilizado pelo babalaô durante o jogo de Ikin, com o qual bate na tábua Opon-Ifá com a intenção de chamar a atenção de odu para si, entre outras finalidades.

O Òpelè-Ifá ou Rosário de Ifá é um colar aberto composto de um fio trançado de palha-da-costa ou fio de algodão que tem pendentes oito metades de fava de opele; é um instrumento divinatório dos tradicionais sacerdotes de Ifá. Existem outros modelos mais modernos de Òpelè-Ifá, feitos com correntes de metal intercaladas com vários tipos de sementes, moedas ou pedras semipreciosas. O jogo de Òpelè-Ifá é o mais praticado por ser o mais rápido; além disso, a pessoa não necessita perguntar em voz alta, o que permite o resguardo de sua privacidade. Também de uso exclusivo dos babalaôs, com um único lançamento do rosário divinatório, aparecem duas figuras, que possuem um lado côncavo e outro convexo e que, quando combinadas, formam o odu.

O *jogo de Ikin* é utilizado em cerimônias relevantes de forma obrigatória ou, igualmente, de modo usual. Vai de cada babalaô seu emprego, sendo de uso restrito e exclusivo deles. O jogo compõe-se de dezesseis nozes de um tipo especial de dendezeiro Ikin, manipuladas pelo babalaô com a finalidade de se configurar o signo do odu a ser interpretado e transmitido ao consulente. As nozes são colocadas na palma da mão esquerda, e, com a mão direita, rapidamente o babalaô tenta retirá-las de uma vez com um tapa na mão oposta, no intuito de se obter um número par ou ímpar de Ikins em sua mão. Caso não sobre nenhum Ikin na mão esquerda, a jogada é nula e deve ser repetida. Ao restar um número par ou ímpar de Ikins em sua mão, serão feitos dois ou um traço da composição do signo do odu que será revelado pelo sistema oracular. A determinação do odu é a quantidade de Ikins que sobrou na mão esquerda. Esses Ikins serão transcritos para o Opon-Ifá sobre o pó do tyerossún, que deve ser riscado sobre o fyerossún espalhado no Opon-Ifá; para um risco, usa-se o dedo médio da mão direita e, para dois riscos, usa-se dois dedos, o anular e o médio da mão direita. O babalaô deverá repetir a operação quantas vezes forem necessárias, até obter duas colunas paralelas riscadas da direita para a esquerda com quatro sinais, formando, assim, a configuração do signo de odu.

O oráculo consiste em um grupo de cocos de dendezeiro ou búzios, ou ainda réplicas deles, que são lançados para criar dados binários, dependendo se eles caem com a face para cirna ou para baixo. Os cocos são manipulados entre as mãos do adivinho e, no final, são contados para determinar aleatoriamente se uma certa quantidade deles foi retida. As conchas ou as réplicas são frequentemente atadas em uma corrente divinatória, quatro de cada lado. Quatro caídas ou búzios fazem um dos dezesseis padrões básicos (um odu, na língua iorubá); dois de cada um destes se combinam para criar um conjunto total de 256 odus. Cada um destes odus é associado a um repertório tradicional de versos (Itan), frequentemente relacionados à mitologia iorubá, que explica seu significado divinatório. O sistema é consagrado aos Orixás Orunmilá-Ifá, Orixá da profecia, e Exu, que, como mensageiro dos Orixás, confere autoridade ao oráculo.

O primeiro umbandista a escrever sobre Ifá no Brasil foi o sacerdote WW da Matta e Silva, conhecido como Mestre Yapacani, que já descrevia em 1956 um dos inúmeros sistemas de Ifá em suas obras. Posteriormente, Roger Feraudy, babalaô (Pai de Segredo) de fato e de direito, também escreveu sobre os sistemas divinatórios em suas obras, notadamente em *Umbanda – Essa Desconhecida*.

PERGUNTA: A forma de instrução ainda adotada pela maioria dos centros de Umbanda é por palavras faladas, passadas de geração para geração, constituindo uma tradição oral. O acesso ao conhecimento é bastante restrito em algumas comunidades de santo, requerendo muita paciência e tempo. Isso não é prejudicial para a evolução espiritual?

PAI TOMÉ: Meu filho, evolução espiritual não é uma corrida de cavalos com campeões por ordem de chegada. O acesso ao conhecimento milenar pela oralidade se, por um lado, é lento aos olhos de alguns filhos sedentos do saber rápido – que mais parecem instrutores teóricos impacientes do que aprendizes praticantes resignados, pois tudo já leram e quase nada vivenciaram –, por outro, minimiza a tendência natural que os seres humanos têm de formular teorias preconcebidas. É facílimo estudar hoje, de fora para dentro, os costumes e as tradições culturais de um povo religioso com ideias e costumes próprios, mas é dificílimo vivenciar, de dentro para fora, uma religião que tem por base a transmissão verbal, com vários elementos que compõem seu corpo doutrinário de tradições orais, como são as liturgias, os cânticos, a linguagem e os provérbios, desde os idos da antiga raça vermelha e dos negros africanos, notadamente neste Brasil imenso, o tronco tupi-guarani, por um lado, e nagô-iorubá por outro. Ambos são fortemente enraizados na passagem do conhecimento pela voz direta, sem pressa, de uma boca a um ouvido, do mestre ao aprendiz, do sacerdote ao neófito, do guia espiritual ao médium; processo de iniciação espiritual que influenciou decisivamente a formação teológica-doutrinária dessa Umbanda de todos nós.

Umbandização: pretos(as) velhos(as) e caboclos; ancestrais e divindades; Orixás, voduns e inquices; encantaria

PERGUNTA: Quanto ao Universo e sua existência, qual a noção básica em que repousa a crença cosmogônica dos negros nagôs que vieram para o Brasil e que se mantém viva até os dias de hoje pelas instruções orais que muitos pretos(as) velhos(as) nos passam, amalgamadas com as instruções do Evangelho de Jesus?

PAI TOMÉ: Meu filho, inicialmente, é crucial esclarecer que nem todo espírito que se apresenta como preto(a) velho(a) foi escravo. Acima de tudo, essa forma de apresentação faz parte do planejamento pedagógico do Alto para simplificar a mensagem do Evangelho, aproximando os espíritos dos cidadãos terrícolas. Como a água que tem de escoar após uma forte tempestade, escoam-se os resíduos cármicos que ainda pulsam na coletividade brasileira, e o pai velho é o ponto focal catalisador que amaina e desbasta o pesado carma da intolerância religiosa, que tem suas origens mais profundas numa linha de tempo desde os hebreus antigos.

Toda a estrutura da cosmogonia nagô se revela em duas partes que se completam, como duas metades de uma mesma cabaça*: o Aiye, que indica o mundo físico, material, habitado por todos os seres encarnados; e o Orum, que é o mundo sobrenatural, o plano espiritual. No mundo sobrenatural, existiriam nove diferentes dimensões vibratórias, de acordo com o poder e a categoria dos habitantes. É no Orum que estariam instalados os duplos de todas as coisas e pessoas vivas no plano material (Aiye), conceito símile ao do duplo etéreo dos ocultistas e do perispírito dos espíritas.

Sobre a noção básica em que repousa toda estrutura cosmogônica iorubá (nagô), sem dúvida que a origem e o princípio de todas as coisas é Olorum (Olodumare), assim como cada religião tem seu Deus único, ficando demonstrada a convergência do conhecimento uno que se fragmentou nos diversos sistemas de crenças criados ao longo da existência humana no orbe.

PERGUNTA: Solicitamos elucidações sobre os nove espaços sagrados (dimensões vibratórias) existentes no mundo espiritual. Há algum motivo especial para ser múltiplo de nove?

PAI TOMÉ: Os antigos e primeiros sacerdotes iorubás tiveram acesso aos conhecimentos da Cabala hebraica, e, para descrever um modelo perfeito de ascensão espiritual na forma de dimensões vibratórias paralelas e circunjacentes umas às outras, nada melhor do que um número considerado perfeito. O número nove simboliza a atividade universal e a energia motora primeva que anima todos os mundos. Num modelo idealizado de plano sobrenatural e sagrado, estratificado em noves subplanos, reside a verdade universal de que a geração e transmissão da vida no Cosmo é sustentada por um Deus, e Ele é o mantenedor da regeneração e do rejuvenescimento no sentido espiritual profundo.

---

* Cabaça ou porongo é o fruto da planta cabaceira ou porongueiro, utilizado em diversos países do mundo, de várias formas: vasilha, como cuias ou copos; moringa para líquidos; amplificador acústico em instrumentos musicais, como o chocalho, afoxé, maraca etc.

A denominação, na língua iorubá, dos noves espaços sagrados do Orum (mundo espiritual) é Orum Mesan. Há de se registrar que, ao falarmos do "céu" como um espaço sobrenatural, a entidade suprema é Olorum (Deus). Ele não é um Criador ligado apenas ao mundo espiritual, como preconizam certos teólogos modernos, mas é o Ser Supremo de todo o Universo, senhor de todos os seres espirituais e tutor absoluto dos desígnios evolutivos do Cosmo criado por Ele e de toda e qualquer entidade ancestral ou divinizada, independentemente de categorias e denominações terrenas; é o senhor primaz da Criação e responsável maior por Sua própria obra.

PERGUNTA: As divindades seriam os Orixás que habitam o Orum (mundo sobrenatural) e incorporam nos terreiros de Umbanda?

PAI TOMÉ: Meu filho, a Umbanda é uma religião que alcança os simples de coração e de intelecto. De uma maneira geral, o povo umbandista não considera ainda os Orixás como energias ou forças supremas diferenciadas, não individualizadas como espíritos, todavia "inteligentes" por serem oriundas de Deus. Na verdade, assim como os africanos já consideravam, entendem os Orixás como *ancestrais divinizados* (espíritos evoluídos) que incorporam nos terreiros conforme a ancestralidade que os liga aos médiuns pela Lei de Afinidade. Portanto, podemos afirmar que prepondera, na linguagem e concepção umbandista, a noção de que quem incorpora nas sessões de caridade não são os Orixás propriamente ditos, mas seus falangeiros, espíritos que atuam em nome dos próprios Orixás. Por um efeito de mimetismo, tal concepção se desdobrou do conceito de ancestral (espírito) divinizado (evoluído) preconizado pelos africanos que vieram para o Brasil, numa interpelação com o espiritismo e seus conceitos de evolução.

Ocorre que a Lei de Reencarnação, que trata a respeito da ancestralidade e da divinização (evolução) de parentes ancestrais (espíritos), é a mesma que impõe as diferenças a serem vivenciadas (diversidade) por todo o universo espiritual reencarnante da Terra. Dessa forma, assim como os santos católicos reencarnaram em outras religiões, o mesmo aconteceu também com os antigos reis, rainhas ou heróis africanos divinizados, os quais representam e foram mitificados com as vibrações das forças elementares da natureza, simbolizadas como raios, trovões, ventos, tempestades, água, fenômenos naturais como o arco-íris, atividades sociais e econômicas primordiais do homem primitivo como a caça e a agricultura, minerais como o ferro, que muito serviu para a sobrevivência dos clãs tribais, assim como as ações de extermínio nas guerras e disputas territoriais. No dia a dia dos terreiros, o vocábulo *Orixá* é utilizado popularmente para designar os guias e as entidades espirituais, sem maiores aprofundamentos sobre seu verdadeiro significado. Em muitos centros, é comum ouvirmos os cambonos dizerem, antes de uma gira, de pretos velhos: "Precisamos preparar mais banquinhos, pois hoje temos muitos médiuns presentes, portanto, aumentará o número de Orixás em terra".

PERGUNTA: O fato de nos esquecermos de nossas vidas passadas não ajuda a mantermos o culto de mitos e ancestrais que são irreais?

PAI TOMÉ: Meu filho, o esquecimento do passado é uma dádiva do Criador para facilitar a adaptação dos encarnados, que deverão vivenciar "novo" plano de experiências na matéria densa. O rei ou rainha de um antigo clã tribal que, por um ato heroico junto à sua comunidade, foi divinizado e ainda é cultuado como um ancestral sagrado, a exemplo do senhor dos raios e trovões ou do ferro, não consegue, enquanto espírito igual aos outros e sujeito às mesmas leis evolutivas, fugir de novas oportunidades para desenvolver habilidades que o façam entender que não é onipotente e que deve saber lidar com opiniões contrárias à sua.

Assim como o peixe, que nada na mesma direção da correnteza do rio, a encarnação com menos influência do passado é nova chance facilitada para que as decisões e as experiências vivenciadas sirvam de contraponto aos hábitos cristalizados de outras encarnações. A memória ancestral do espírito está resguardada em sua mente extrafísica, e, como o atual cérebro físico não existiu no passado, ela fica desconectada do centro nervoso orgânico ligado às lembranças. Todavia, os impulsos negativos e as disposições psíquicas atávicas permanecem e deverão ser desbastadas nas novas experiências programadas na atual encarnação.

PERGUNTA: Acreditamos que essa confusão entre espíritos, seres divinizados e Orixás deve terminar em breve. Estamos corretos?

RAMATÍS: Observe que, mesmo o caramujo não saltando como o sapo e o morcego não batendo as asas na velocidade do beija-flor, todos podem viver harmoniosamente na mesma floresta. A expansão da consciência não dá saltos e a diversidade de entendimento das leis de evolução não reage à pressão dos homens que almejam apressá-la. Originalmente, os clãs tribais das nações africanas que cultuavam os Orixás entendiam esta palavra exclusivamente como denominação das divindades e não tinham a concepção de espíritos, conforme o conceito trazido pela doutrina codificada por Allan Kardec. Elaborar os deuses antropomórficos com personalidades símiles às dos homens foi uma maneira pedagógica inteligente. Essas concepções estão claras nos diversos mitos que revelam os plenos defeitos e virtudes dos Orixás, num efeito especular que reflete os mesmos defeitos e virtudes dos seres humanos. Essa intimidade atinge seu ápice no transe de incorporação em que a divindade (Orixá) se manifesta no corpo físico de um adepto, cumprimentando, cantando, dançando e comendo com os presentes o que a tribo tinha de melhor para oferecer.

Em verdade, os Orixás não incorporam; são as forças da natureza e dos fenômenos naturais relativos à existência humana – como nascimento, morte, doenças e saúde, chuvas e ventos, calor e frio, terremotos e tufões etc. – irmanados aos próprios aspectos organizadores da vida elaborados pelo Criador. Esse conceito metafísico era incompreensível para o caçador no passado milenar do interior da África. Era mais fácil compreender os elementos – ar, terra, fogo e água – e os reinos mineral, vegetal e mineral vinculados às personagens míticas possuidoras de poderes (axé) ou força de realização.

Observe que Jesus, um intuitivo inteligente e supersensível, se utilizava da comunicação verbal na forma de parábolas, associando situações triviais do dia a dia num contexto pedagógico de fácil entendimento para ouvintes simplórios, dinâmica espiritual sistematizada para a assimilação das mentes embrutecidas nos acontecimentos da vida humana. Não de forma diferente, os antigos negros africanos, sacerdotes de seus clãs e nações, utilizavam a força das imagens pitorescas, compondo uma simbiose entre a natureza e o modo peculiar de comportamento de cada componente da comunidade, tecendo um conjunto de mitos perfeitamente ajustáveis às estruturas mentais de cada ouvinte. Assim, os Orixás, forças da natureza cósmica, formaram um elo nas relações entre esta e a humanidade, simbolizando aspectos do Ser Supremo para a compreensão diminuta das criaturas preocupadas com o que comeriam no dia seguinte.

Essas personagens detentoras de poderes controladores das forças da natureza, atraindo para si o poder de realização do axé (fluido vital mantenedor) e dirigindo-o para a defesa e o bem-estar de seu povo, mantinham o equilíbrio coletivo, a confiança e a fé na fertilidade da tribo, na boa colheita, na preservação da vida e proliferação do grupo tribal. Sendo os Orixás originalmente uma unidade com o Criador, todavia com múltiplas figuras de manifestação no plano das formas, o povo iorubá reconheceu, no processo de fragmentação, a criação de novas maneiras de fixar nas mentes dos habitantes das comunidades certos atributos religiosos considerados sagrados, como se fossem divindades humanizadas ou humanos divinizados, mantendo-se preservado no tempo, até os dias atuais, um rico e verdadeiro manancial de conhecimento espiritual sob os auspícios das Leis Cósmicas Universais.

PERGUNTA: O número de humanos divinizados como Orixás não é um exagero?

RAMATÍS: Mesmo os filhotes de tartaruga ajudando uns aos outros logo após nascerem, com movimentos sincronizados, retirando a areia para alcançar a superfície do ninho – o que os biólogos denominam comportamento de facilitação social para alcançar o mar, diminuindo o risco de predação individual –, de cada mil ovos colocados pela tartaruga-mãe, somente um ou dois chegam à idade adulta, vivos nos mares. Assim ocorre com a criação de "divindades" pelo processo de narrativas familiares que foram passando de geração a geração, das quais sobrevivem até hoje os mitos mais aptos para a preservação do conhecimento religioso. A posse de atributos sobrenaturais tem origem em aptidões locais e na vida heroica de algum familiar ancestral, nativo divinizado. Nada na natureza se perde e cada cultura na face do orbe tem o número de "santos" que merece e necessita para evoluir, como os muitos ovos colocados no fundo do buraco da areia pela tartaruga, na praia desértica, nos ensinam: nada se perde e tudo se transforma na engenharia cósmica.

Nos diversos mitos do panteão e cultura iorubás, podemos verificar que são comuns os relatos de seres humanos que se converteram em destacadas divindades merecedoras de devoção e culto específico, absorvendo os atributos de outras menores, como, por exemplo, Xangô, divindade do fogo e do trovão, que absorveu, ao longo do tempo, os atributos de Jakutá, que originalmente era a divindade desses elementos, corroborando a sobrevivência dos mitos (ancestrais divinizados) mais aptos e simpáticos às mentes primárias e instintivas dos homens ansiosos pelos percalços da sobrevivência diária. Muitos outros exemplos teríamos para concluir que a religião dos Orixás, dos africanos nagôs, é toda de adoração aos ancestrais (espíritos).

PERGUNTA: Num país continental como o nosso, temos diferentes culturas afrodescendentes regionalizadas que influenciam a Umbanda e, ao mesmo tempo, são influenciadas por ela, num processo ininterrupto de interpolações doutrinárias, o qual podemos denominar umbandização. Pode resumidamente tecer maiores elucidações a respeito do tema?

PAI TOMÉ: Perfeitamente, meu filho! Temos diferentes culturas religiosas que vieram do continente africano sobrevivendo na forma de cultos regionalizados no Brasil. Paradoxalmente, a maioria minguou em solo africano ou não existe mais, num processo de absorção por outras religiões, notadamente o catolicismo e islamismo. Há de se refletir sobre a importância do Brasil como celeiro espiritual de todas as vertentes religiosas do planeta, assim como vários rios que convergem para um único leito que desemboca no grande oceano cósmico da bem-aventurança, em que todos não se digladiarão mais por diferenças de rótulos religiosos, matando-se mutuamente, mas sim irão amar-se em igualdade, respeitosamente convivendo na diversidade de credos.

Temos a cultura Jeje, que fala a língua fon e cultua os voduns como divindades. Esse culto está vivo no Maranhão e é conhecido como Tambor de Mina, rito em que se louva as divindades na forma de voduns e os espíritos (encantados) de africanos, índios, portugueses, reis e rainhas, estabelecendo-se ainda várias dinastias de famílias espirituais amalgamadas com o catolicismo popular.

Sabemos que poderemos causar uma celeuma, mas a revelação da verdade da origem dessa cultura se faz necessária, a fim de que possamos compreender a ligação entre as práticas sacrificiais judaicas e os sacrifícios de animais que ainda vicejam nesses cultos remanescentes da antiga África. A "codificação" dos voduns foi feita por Jethro, sacerdote da tribo de Dan (uma das 12 tribos de Israel), sogro de Moisés, que o acolheu quando este foi expulso do Egito. Jethro ensinou a Moisés como usar os poderes mágicos que Jeová lhe concedera. Portanto, os voduns representariam a capacidade de mutação, restauração e evolução eterna em ambos os sentidos. São espíritos divinizados pela fé ainda embrutecida para as divagações metafísicas mais profundas, e importantes no contexto da época para a constituição de uma nação ou tribo unida pelos mesmos ideais religiosos.

Os voduns, basicamente, são energias primordiais em que espíritos atuam, auxiliando a vida de muitos seres humanos ou comunidades, convergindo numa mesma essência vibratória, em similitude com os Orixás. Infelizmente, a forma de culto e ligação com essas forças sagradas está distorcida desde o antigo Egito. Os cidadãos continuam espargindo sangue sobre os altares e buscando a troca com o mundo sobrenatural dos "deuses" como era na época mosaica do "olho por olho e dente por dente".

PERGUNTA: Pode nos dar maiores esclarecimentos sobre as práticas rituais da cultura Jeje (voduns) remanescentes e ritualizadas no Brasil?

PAI TOMÉ: Os voduns conseguiram, com seus arquétipos, chegar vivos como cultura religiosa regionalizada que, aos poucos, a Umbanda vai modificando. Temos diversos nomes de cultos originários: Boi de Matraca, Tambor de Crioula, Terecô, Tambor de Mina do Maranhão, Tambor Dagomé de Cachoeira, na Bahia, Batuque Oyó, no Rio Grande do Sul, e tantos outros rituais da cultura Jeje espalhados pelo Brasil, o maior herdeiro da cultura vodun no planeta. A Umbanda, por ser uma religião mediúnica abrangente em todo o solo pátrio, vai paulatinamente "convertendo" os adeptos desses ritos regionalizados, num processo de absorção contínuo e inexorável previsto pelo Alto dentro da destinação espiritual cármica do Brasil como pátria do Evangelho e celeiro espiritual planetário.

PERGUNTA: Essa busca de troca com o mundo sobrenatural dos "deuses", como era na época mosaica do "olho por olho e dente por dente", se dá por meio da realização de feitiços e encantamentos, doa a quem doer e não importando a quem, desde que sejam atendidos os pedidos dos solicitantes aos sacerdotes previamente pagos?

RAMATÍS: Sem dúvida, o conceito de religião atualmente está longe de seu objetivo sagrado de religação do ser com o Criador. Prepondera no universo das religiões mágicas populares a disputa ferrenha por fiéis, em que vale de tudo para ganhar mais seguidores. Ali, o sujeito está com o "demônio", colocado como seu encosto por feitiçaria; lá, só o pastor liberta e renova a vida financeira do pródigo gastador, desde que ele seja dizimista, pois as coisas da abundância e prosperidade lá em cima acontecem na base da troca e do dinheiro; aqui, entre e venha participar de uma de nossas correntes de reza forte, pois foi Deus quem trouxe você aqui, já que o Criador tem muitas responsabilidades e delega aos ungidos eleitos a missão de conduzir as almas a Ele; acolá, um indivíduo desesperado porque o Orixá está brigando pela posse de sua cabeça, arranja um trabalhinho rápido dos "Pais e Mães de postes" (na esquina da sua casa, num cartazete colado num poste, conseguiu o contato milagroso). Lamentavelmente, poderíamos escrever uma enciclopédia com os exemplos diários de como o conceito de religião com Deus é vago nas populações e não muito diferente da época do Divino Mestre Jesus. Aliás, o propósito fundamental de renovação apresentado pelo Cordeiro de Deus extrapola o limite dos templos, catedrais ou terreiros, sinagogas, igrejas ou barracões, em que na maioria das vezes preponderam o orgulho, a ganância e a vaidade humana travestidos de lobos em pele de ovelhas.

Independentemente dos santos serem deste ou daquele credo religioso, desta ou daquela origem, a responsabilidade de mudar vossas vidas e destinos é de cada um, e é chegado o momento cósmico de se acabar com as apostas com Deus, santos, Orixás, voduns, inquices, encantados, ancestrais ou divindades, pois verificamos, do lado de cá, uma competição dentro do cenário religioso brasileiro, em que todos lutam para ser, dentro de sua fé e opção religiosa, melhor que o outro, desconectando-se do Criador, que é uma só essência para todas as formas.

Nesse contexto distorcido de religião, o axé (energia cósmica universal) que está em toda natureza é manipulado para alterar os rumos, planos e até mesmo decisões dos cidadãos, sendo os irmãos menores do orbe, os animais, eleitos fornecedores de sangue, como se fossem vacas leiteiras para os homens insanos e insaciáveis que acham que tudo podem fazer em nome dos deuses, entre facas afiadas e ladainhas religiosas.

Então, os encantamentos seriam a utilização da força das divindades (Orixás, voduns e inquices) para moldar o axé (fluido vital) como um instrumento para a promoção de trabalhos que envolvem cura, abertura de caminhos, limpeza e até mesmo amarrações amorosas. Os feitiços são os trabalhos de magia negativa mais "pesados", com os eguns (espíritos desencarnados habitantes das zonas trevosas), objetivando matar, separar casais, promover perturbações diversas, caminhos fechados, desentendimentos, loucuras, doenças e uma série de desventuras na vida da pessoa que é alvo do feitiço.

Os encantamentos e feitiços são realizados no mesmo espaço "sagrado", cabendo a cada um saber se defender, numa ética distorcida e imediatista das leis de evolução do Cosmo espiritual, sendo o sangue o elemento vital, o protoplasma energético que fornece o combustível para se moldar o axé, com a finalidade devastadora de distorção das Leis de Causa e Efeito, Livre-arbítrio e Merecimento. Em verdade, o que acontece nesses templos religiosos, que deixaria qualquer sacerdote africano de tempos idos apavorado com o que é almejado pelas criaturas de hoje, muito diferente da proteção da lavoura, fertilidade da prole, abundância e saúde solicitadas nos antigos clãs e nações, que ofertavam o que de melhor tinham para comer aos "deuses", é que confrarias trevosas subjugam essas agremiações. Constantemente, seus arquitetos elaboram planos de dominação mental, estudando as vulnerabilidades humanas num vasto campo psíquico. Desencarnados e encarnados compactuam em atos insanos num mesmo chão manchado de vermelho pelo sangue dos animais, estabelecendo uma terrível sentença: cada um tem o deus que merece, pela aplicação natural da lei de semelhança que rege que afim atrai afim.

PERGUNTA: E os inquices, o que seriam?

PAI TOMÉ: Os inquices – de *nkisi,* plural *minkisi,* que significa sagrado na língua quimbundo, em que Deus é Zambi – são divindades de origem angolana, cultuadas no Brasil pelas práticas das nações Angola e Congo. Para situar os filhos em termos de nomes dos inquices mais conhecidos, temos Bombo Njila, ou Pambu Njila, intermediário entre os seres humanos e o outros inquices. Na sua manifestação feminina, é chamado Vangira ou Panjira. Sincretizado com o exu dos cultos de origem nagô, popularizou-se como pombajira nas práticas mágicas populares, demonizado até os dias atuais pelas seitas neopentecostais. Na Umbanda, é a contraparte feminina de exu, que faz a caridade nos terreiros. Temos todo um sincretismo entre as culturas angola e nagô, dos inquices com os Orixás, que, em verdade, são a mesma essência diferenciada do Criador Único.

Observações do médium

Existem muitos pretos(as) velhos(s) de Angola labutando no movimento astral de Umbanda, e cabe citarmos esse fato. Não por acaso, os negros que vieram oriundos de Angola e da Nigéria para o Brasil, assim como fizeram com o catolicismo, elaboraram uma correspondência sincrética entre os inquices e Orixás, dado que tocavam e dançavam misturados no mesmo espaço das senzalas, o que foi plenamente registrado na obra de diversos autores, antropólogos e estudiosos da Umbanda e dos cultos afro-brasileiros.

Nesta parte do texto, fomos informados de que fugiria ao tema central do livro nos aprofundarmos nesses conhecimentos, pois o foco principal de *Reza forte* é estabelecer uma visão panorâmica da influência dos Orixás dentro da religião Umbanda na visão universalista de Ramatís e Pai Tomé, sob os auspícios das leis do Cosmo e de seu tratado inigualável que é o Evangelho de Jesus. Todavia, para os espiritualistas mais afeitos a essa temática, elaboramos uma pequena correspondência vibratória de nomes entre inquices e alguns dos Orixás cultuados no Grupo de Umbanda Triângulo da Fraternidade:

- **Nkosi, Roxi Mukumbe ou Roximucumbi:** inquice da guerra e senhor das estradas de terra. Sincretizado com o Orixá Ogum.

- **Kabila:** o caçador pastor; o que cuida dos rebanhos da floresta. Sincretizado com o Orixá Oxóssi.

- **Mutalambô, Lambaranguange ou Kibuco Motolombo:** caçador, vive em florestas e montanhas, inquice de comida abundante. Sincretizado também com Oxóssi.

- **Mutakalambô:** tem o domínio das partes mais profundas e densas das florestas, onde o Sol não alcança o solo por não penetrar pela copa das árvores. Sincretizado também com Oxóssi.

- **Katendê:** senhor das Jinsaba (folhas). Conhece os segredos das ervas medicinais. Sincretizado com o Orixá Ossãe.

- **Nzazi, Zaze ou Loango:** é o próprio raio, entrega justiça aos seres humanos. Sincretizado com o Orixá Xangô.

- **Kaviungo ou Kavungo, Kafungê, Kafunjê ou Kingongo:** inquice da varíola, das doenças de pele, da saúde e da morte. Sincretizado com o Orixá Obaluaê.

- **Kaiangu ou Kaiongo:** tem o domínio sobre o fogo. Sincretizada com a Orixá lansã.

- **Kisimbi, Samba:** a grande mãe, inquice de lagos e rios. Sincretizada com a Orixá Oxum.

- **Ndanda Lunda ou Dandalunda:** senhora da fertilidade e da Lua, muito confundida com Hongolo e Kisimbi. Sincretizada com a Orixá lemanjá ou Oxum.

- **Kaitumba, Mikaia, Kokueto:** inquice do oceano, do mar (calunga grande). Sincretizada com Iemanjá.

- **Nzumbarandá, Nzumba, Zumbarandá, Ganzumba ou Rodialonga:** a mais velha das inquices, relacionada à morte e sincretizada com Nanã.

- **Nvunji:** a mais jovem dos inquices, senhora da justiça. Representa a felicidade da juventude e toma conta dos filhos recolhidos. Sincretizado com Ibeji (crianças).

- **Lembá Dilê, Lernbarenganga, Jakatamba, Nkasuté Lembá, Gangaiobanda:** conectado à criação do mundo. Sincretizado com o Orixá Oxalá.

As divindades da nação Bantu (Angola) são chamadas de inquices, vocábulo derivado de *nkisi*, que pode ser traduzido como ser sobrenatural ou como espírito que auxilia. Seja qual for a tradução, o inquice é aquele que está entre nós para nos ajudar. Tal como os Orixás e os voduns, essas divindades também dominam uma força da natureza, possuindo, contudo, suas próprias folhas, seus metais, suas pedras, suas cores etc. Os atabaques que os chamam são tocados com as mãos, sem o uso de varetas, e entoam cantigas rápidas e muito alegres. (Texto extraído de *Angola bem explicado,* de Ode Kileuy e Vera de Oxaguiã.)

PERGUNTA: Sabemos que na região Nordeste do Brasil se pratica uma Umbanda juremeira, em que as entidades espirituais são chamadas de encantados. Outros dizem que esse seria o culto religioso mais brasileiro. Esses comentários têm procedência?

PAI TOMÉ: Meu filho, a Umbanda é uma só. Entendemos perfeitamente as variações regionais, e o Alto incentiva essa amalgamação. Os Maiorais do Espaço que regem a Umbanda, do Astral para a matéria, sabem que as diferenças não devem separar, e sim unir as consciências.

Em verdade, a jurema (Acacia Nigra) é a árvore sagrada dos indígenas brasileiros há milênios. Nela concentram-se os valores fitoterápicos e místicos de um ritual milenar que se perde no tempo e que podemos afirmar ser o mais genuíno dos brasileiros, muito antes que influências religiosas de outras localidades do planeta aqui aportassem. Por ser um ritual totalmente brasileiro, é o único que equivale aos seus congêneres africanos por ter sua própria raiz e origem, dados os conhecimentos primevos dos tupis, caetés, tabajaras, potiguaras, tapuias, pataxós e outras nações indígenas brasileiras. Seus protetores espirituais eram, até a chegada do branco europeu católico e dos africanos, Tupã, Yara, Caapora, Curupira, Boiúna, Mo Boiátatá, Jaguá, Rudá, Carcará e outros mais. Eram de tribos diferentes, mas cultuavam os mesmos deuses aos pés da mesma árvore: a jurema sagrada. Não por acaso, uma plêiade de espíritos atua na caridade umbandista com o nome de caboclas juremas, flecheiras de Oxóssi. Nesses aspectos de origem ancestral divinizada, podemos afirmar que o arquétipo mítico *caboclo* é o "Orixá" genuinamente brasileiro.

Com o processo de miscigenação, o culto original se modificou, perdendo sua força mágica original. Na mistura entre os indígenas e os brancos, entre indígenas e negros, suas culturas, seus arquétipos, seus usos e costumes deram origem ao caboclo (mestiço). O ritual da jurema passou a ser chamado vulgarmente de Catimbó, em razão do uso de cachimbos durante sua prática, podendo tanto ser feito sobre uma mesa como no chão. As formas são distintas, com propósitos às vezes diferentes, mas sempre objetivando a cura e o alento dos cidadãos menos favorecidos. A Umbanda juremeira é a prática da Umbanda com fortes influências do ritual de jurema sincretizado com o espiritismo e o catolicismo, aos moldes da Umbanda popular praticada na região Sudeste, com a veneração aos Orixás e a Jesus, o divino Oxalá.

PERGUNTA: Além dos cachimbos, existem outros ingredientes e apetrechos utilizados na Umbanda juremeira?

PAI TOMÉ: É tudo muito simples, meu filho, assim como são simples as camadas populares do Nordeste. Os ingredientes e apetrechos mais usados nos rituais de jurema são os seguintes: cachimbos confeccionados a mão, de diferentes troncos de árvores; fumos para as cachimbadas dos mestres juremeiros incorporados (espíritos), feitos com folhas de tabaco misturadas com folhas de diferentes árvores; o maracá (chocalho indígena), para invocar os mestres espirituais encantados; pequenos troncos de jurema, sobre os quais acendem-se velas; sineta de metal nobre para invocação; dois ou mais copos altos e largos com água e toalha vermelha ou branca se os copos estiverem sobre a mesa, vermelha se estiverem no chão. Ainda temos as garrafadas de ervas e folhas em infusão indicadas para as mais diversas doenças – conhecimento milenar do herbário dos velhos pajés indígenas.

PERGUNTA: Afinal, o que são a encantaria e os encantados?

PAI TOMÉ: A encantaria tem por tronco básico a ritualística indígena. Todavia, atualmente, ela é bastante sincrética, e podemos facilmente encontrar influências ciganas, africanas, católicas, judaicas, árabes, celtas, gregas, romanas e, principalmente, indígenas. Sem dúvida, o grande sustentáculo da encantaria é a cultura tupi-guarani, com sua ritualística voltada para a flora e fauna, com ritmos peculiares, como pajelança no Norte, terecô no Maranhão e catimbó no Nordeste.

Os encantados seriam espíritos que nunca encarnaram ou que simplesmente se "encantaram", passando do físico para o plano etéreo sem o processo de putrefação cadavérica natural da *causa mortis*. Obviamente, trata-se de uma crença inocente e plausível nas populações simples, a maioria sem acesso ao estudo das verdades espiritualistas. O Alto compreende que ainda seja necessária essa capacidade de entendimento do Reino de Deus, e que a gradação natural da expansão da consciência entre as encarnações sucessivas irá se desbastando.

Liturgias e cânticos: a linguagem e os provérbios dos terreiros

PERGUNTA: Solicitamos considerações referentes aos elementos que compõem o corpo doutrinário das tradições orais umbandistas, como liturgias, cânticos, linguagem e provérbios. É possível?

PAI TOMÉ: Sim, meu filho, por que não deveria sê-lo? Estamos aqui irradiando seu mental com o propósito de servir, dentro de nossas escassas possibilidades, para o esclarecimento das criaturas tão separadas pelo senso recíproco de falsa superioridade religiosa, que, por vezes, sentem-se como ovelhas desgarradas do aprisco do Senhor. Podemos resumir em alguns pormenores os elementos de rito que formam o corpo das tradições orais umbandistas em liturgia, cânticos, linguagem e provérbios.

A liturgia é o meio que os praticantes de um ritual estabelecem para se comunicar com os objetos e símbolos agrupados numa determinada cerimônia. É conduzida pela hierarquia sacerdotal, que, por sua vez, compõe a estrutura religiosa em que o terreiro está organizado. Num encontro ritualístico na Umbanda, chamado popularmente de gira ou engira, não é possível que cada um faça como quiser. Literalmente, a liturgia pode ser entendida como regras de culto, em que o aproveitamento positivo do atendimento a todos os consulentes que buscam as consultas de caridade se dará pela exatidão e inviolabilidade das regras disciplinares. Todos têm a consciência de que as tarefas deverão ser cumpridas com exatidão e energia de comando, pois as forças espirituais benfeitoras que controlam e causam os fenômenos de natureza oculta se comunicam e se fortalecem para o intercâmbio mediúnico mediante uma austera disciplina, ao contrário dos espíritos zombeteiros do baixo umbral, que se imantam na indisciplina e desorganização ritual, tão comuns nos agrupamentos com fortes apelos externos, em suas apresentações apoteóticas sem horário de término, com lindas roupas, lantejoulas e bebidas etílicas à vontade.

Podemos considerar que em todo processo litúrgico há três conjuntos de elementos indispensáveis, os cânticos e as palavras a serem proferidas; os atos e as ações de invocação, realizadas propositalmente com uma determinada finalidade caritativa; e os agentes (médiuns) realizadores de todas as tarefas – tudo distribuído em conformidade com a estrutura e hierarquia religiosa do terreiro.

Finalmente, temos os provérbios ou ensinamentos, de senso comum na religiosidade do africano nagô e devem ser interpretados em cada cântico nos terreiros, notadamente pela influência na formação dos pontos cantados na Umbanda, que os absorveu pelas rezas, benzeduras e orientações dos pretos velhos. Os pontos cantados são joias; transmitem profundos significados e permitem entender o comportamento e a prática ritual da Umbanda. Verdadeiramente, são os adágios que dão um sentido amplo de disciplina pessoal e exemplos de vida a serem seguidos, se corretamente interpretados em sua simbologia mística.

PERGUNTA: O imaginário popular associa o culto aos Orixás com feitiçaria e magia negativa para causar danos aos outros. Pode nos esclarecer sobre essa polêmica, baseado nos provérbios africanos (nagô) e na sabedoria contida neles?

PAI TOMÉ: Perfeitamente, meu filho! Os provérbios a que nos referimos estão contidos na sabedoria de Ifá, que, para o povo iorubá, era considerada a palavra do próprio Deus (Olodumare). Esses ensinamentos têm como objetivo o desenvolvimento dos seres humanos. Infelizmente, o preconceito faz com que muitos considerem tudo o que vem dos africanos dispensável e primitivo, o que não é verdadeiro sob a égide das Leis Cósmicas, como tentaremos demonstrar:

- *Quem pensa diferente não conhece Isese Lagba (Culto Tradicional)* – a interpretação deste provérbio nos diz que a iniciação nos mistérios do mundo oculto dos Orixás não elimina os problemas da vida, pois o poder de transcendência propiciado pela vivência ritual e os transes de transe não imunizam o ser diante das dores e dos sofrimentos humanos. Os antigos sacerdotes nagôs tinham como propósito oferecer aos neófitos em iniciação uma percepção aprofundada de si mesmos e, consequentemente, ampliar o discernimento para uma adequada visão de mundo. O renascimento para um novo estado de consciência é a base de um processo interno de renovação do ser com o meio ambiente "biopsicossocial" que o envolve. A iniciação é lenta e gradativa, e cada nova revelação oriunda das experiências vivenciadas traz consigo o potencial de mudança e "renascimento", matando o velho homem e fazendo nascer o homem novo. Sem dúvida, é um método iniciático doloroso em que, muitas vezes, os seres desistem pelos apelos do ego inferior que ainda os domina, mas é perfeitamente natural dentro da visão do Deus Supremo (Olodumare).

• *Aqueles que dizem a verdade recebem as bênçãos dos Orixás* – a honestidade é indispensável para a construção do caráter. Antigamente, quando os membros de uma comunidade nagô elaboravam um acordo e havia o consenso, sob a orientação dos mais antigos (Ògbóni) ou maiorais do conselho, os termos acordados eram marcados em um pedaço de ferro para que ficassem registrados para a posteridade. A cultura vigente, que equilibrava as relações, quando havia contendas na comunidade, estabelecia que a identificação de um problema (conflito) dependia inteiramente da verdade, e sua resolução, da honestidade. É assim, nesse contexto de construção das relações grupais, que a verdade traz as bênçãos do Orixá. A manutenção da palavra – marcada em ferro – era para que as promessas não fossem quebradas. Descumpri-las era considerado reflexo de falta de vontade pelo caráter fraco; neste caso, sem as bênçãos dos Orixás.

• *As pegadas dos maus não são diferentes das pegadas dos sábios* – a prudência é um tema recorrente que o estudioso e praticante do culto aos Orixás pode verificar nos provérbios iorubás. Muitas vezes, as aparências enganam, e aqueles que aparentam ter uma conduta não são suficientemente "perfeitos" ou "evoluídos" para sublimar sua verdadeira natureza milenar, preexistente e viva como impulsos e disposições psíquicas no inconsciente imortal do espírito. Ser mau ou ser bom está relacionado a um senso de julgamento estreito, e muitos agem em suas casas de culto e centros religiosos mecanicamente, comportando-se externamente de um modo e internamente ainda não tendo solidificado os atributos positivos de comportamento à luz dos ensinamentos doutrinários das religiões que professam. Na visão espiritual mais profunda dos religiosos iorubás, as aparências externas não dizem muito em se tratando de relações de confiança e valorização dentro de uma escala de valores de iniciação espiritual. Basta observar nas religiões e doutrinas vigentes como é válido esse provérbio, pela falência de valores internos de seus sacerdotes sedentos de ganhos financeiros, que exaltam sistematicamente os salvacionismos e milagres externos, tão ao gosto das camadas populares e dos ricos ansiosos e apressados pelos resultados mágicos imediatos.

• *Aquele que prejudica os outros, quando for prejudicado, será incapaz de fazer justiça em uma disputa* – em verdade, os que cultuavam os Orixás na África consideravam imoral usar o poder mágico para prejudicar os outros. A magia dos Orixás era, muitas vezes, ritualizada para proteção e questões de justiça, envolvendo contendas e disputas internas nas comunidades e quizilas externas durante conflitos com outros clãs. Comprovamos com esse provérbio que a capacidade de perdoar o próximo é um elemento essencial no processo de viver em harmonia com os Orixás. Os verdadeiros magos e sacerdotes são conhecedores do caráter necessário – definido por Oludumare por meio de Ifá – para o equilíbrio dentro das Leis Cósmicas com as forças mantenedoras e sagradas da Criação. Infelizmente, o que se verifica atualmente em solo pátrio é uma total distorção da filosofia original do culto aos Orixás. Ao se popularizar a magia dos africanos, o aviltamento do caráter foi inevitável como forma de sobrevivência por meio da venda do conhecimento para fins escusos e desconectados da Lei Maior Divina. Não por acaso, surgiu a Umbanda, a fim de que se equilibre e se escoe todo o carma coletivo gerado pela distorção da sagrada magia dos Orixás.

PERGUNTA: Em relação à sua frase "Os antigos sacerdotes iorubás tinham um profundo senso religioso e clara noção da Lei de Causa e Efeito, embora não fossem afeitos a compunções, como são até os dias atuais os judeus cristãos", ficamos um tanto curiosos. Existe uma ligação desses conhecimentos ancestrais entre nagôs e judeus, ou iorubás e hebreus?

PAI TOMÉ: Meu filho, Deus é um só, e não muitos. Em verdade, a Terra, em toda sua plenitude, é fruto de um único Criador, comprovado pelas raças que trouxeram conhecimentos superiores que se espalharam pelo orbe. Observemos que, dentro da Lei Universal de Transmigração Espiritual entre os orbes, muitos espíritos galácticos reencarnaram num determinado período na Terra para impulsionar sua evolução, destacando-se na História em uma determinada época. Assim aconteceu com a antiga Atlântida. Após os cataclismos que a destruíram, houve naturalmente uma migração territorial dos sobreviventes mais aptos. Essa civilização cruzou o oceano também em direção à antiga África, alterando culturalmente os povos locais, entre eles, com mais relevância, os iorubás. Por sua vez, os iorubás são provenientes do Egito superior ou da Núbia, como atestam vossos historiadores. Não por acaso, o Universo e a formação da Terra, segundo a mitologia nagô (iorubá), é extremamente fiel e símile à gênese da Bíblia, originária dos antigos hebreus. A fonte do conhecimento uno se espalhou entre diversos povos, e fragmentos religiosos coincidentes comprovam uma mesma origem de ambas as culturas, fonte primeva de conhecimento em que beberam os hebreus e nagôs.

RAMATÍS: Inclusive pela semelhança de seus sistemas de trocas com Deus baseados em sacrifícios animais, hábito atávico negativo adquirido pelos homens assustadiços com as forças desconhecidas da natureza que lamentavelmente se mantém fossilizado até hoje entre judeus, muçulmanos e candomblecistas, completamente distorcido no sentido mais nefasto entre as práticas mágicas populares*.

Observações do médium

Após terminar de escrever, fiz uma oração de agradecimento e fui me deitar. Não consegui conciliar o sono profundo e passei a

---

* Esse tema referente aos sacrifícios animais nas práticas mágicas populares e nas religiões foi amplamente abordado por Ramatís nas obras A Missão da Umbanda e O Triunfo do Mestre, ambas deste mesmo autor.

noite em estado de desdobramento astral. Vi-me numa espécie de transe suave, como se houvesse uma televisão em minha testa. Então, pude acompanhar a saga do povo nagô desde os tempos mais antigos e verificar como seu conhecimento foi se fragmentando ao longo do tempo. Com os olhos fechados e em perfeita clarividência, enxerguei as invasões de outros povos nos territórios e nações iorubás, como, por exemplo, dos muçulmanos e católicos mercenários, que vinham em naus da Europa em busca de riquezas e escravos. Simpáticos às antigas Cruzadas, esses novos cruzaldinos entravam de espadas em punho, dilacerando todos os corpos negros que viam pela frente. Esses africanos eram considerados sem alma pelo clero, nada acontecendo com quem os assassinava. Sua profunda reverência às forças da natureza e tranquilo intercâmbio com os espíritos dos mortos (parentes) eram vistos como coisa demoníaca.

A destruição da cultura religiosa dos nagôs foi tão nefasta que praticamente inexiste em solo africano o culto aos Orixás, prevalecendo como livros religiosos o Alcorão e a Bíblia. Isso marcou tão profundamente a consciência de seus descendentes que até os dias de hoje muitos afro-brasileiros se dizem praticantes de uma seita, e não de uma religião.

Ramatís me explicou que, no período de queda do "império" nagô, muitos espíritos de antigos romanos que perseguiram os novos cristãos, levando-os às arenas entre leões vorazes, reencarnaram por uma imposição da Lei de Retorno, para que sentissem nas entranhas o que é ser perseguido e martirizado por exercitar uma opção religiosa. Nada se perde na grande teia cármica que nos enreda uns aos outros.

O resíduo dessas perseguições manteve-se na consciência coletiva, com forte impacto no Brasil durante o período colonial, notadamente quando da elaboração da Constituição do Império, em 1824, na qual o artigo 5 postulava:

"A religião católica apostólica romana continuará a ser a religião do Império. Todas as outras religiões serão permitidas com seu culto doméstico ou particular, em casas para isto destinadas, sem forma alguma exterior de templo."

Na verdade, todos eram considerados católicos por decisão do Estado. O tráfico negreiro era abençoado pelos padres no Brasil e na África, com o aval do "santo" Papa. A Igreja considerava que o solo africano era o inferno no mundo e que era uma oportunidade muito boa o negro ser escravizado, pois, sendo escravo, sua alma estaria livre pela aplicação do batismo "cristão", liberando-o de arder eternamente nos caldeirões fumegantes. Essa barganha era positiva para os negros na visão do clero romano, uma forma de catequização imposta a uma cultura religiosa considerada pagã.

E mais adiante, o artigo 95 daquela Constituição complementava:

"Todos os que podem ser eleitores estão hábeis a ser deputados. Excetuam-se os que não professarem a religião do Estado."

Essa situação de intolerância religiosa legalizada se manteve por várias gerações, temerosas de represálias, pois se viam impedidas de registrar seus cultos nos cartórios e eram violentamente vigiadas pela polícia até o final da era Vargas, no século passado, o que serviu de amálgama entre os descendentes de negros e índios para o nascimento da Umbanda. Ela é um canal previsto e autorizado pelo Astral superior para desafogar todo esse carma de repressão por meio do mediunismo de uma religião tipicamente brasileira, universalista, diversa e democrática, como nenhuma outra igual se tem conhecimento no planeta.

Observações do médium

A respeito da origem dos povos iorubás, há um estudo sobre o assunto numa série de palestras proferidas por S.O. Biobaku –

publicadas pelo Ministério Federal de Informação de Lagos, Nigéria, transcritas no livro *O encontro de dois mundos,* de José Beniste – que corrobora as afirmações trazidas pelos autores espirituais:

"O problema das origens é fascinante. A origem do homem e do próprio Universo pode ser, para sempre, objeto de especulação e certamente uma revelação divina para a maioria das religiões [...]. A origem dos yorubá é, portanto, matéria de natureza histórica, não sendo desprezadas as convicções religiosas desse povo. Yorubá, ou iobá, era um nome reservado aos povos de Òyó [...] e foi o nome deles que gradualmente se estendeu até cobrir todos os povos do mesmo tronco, que são agora conhecidos como povo de fala yorubá. Essa mudança efetuou-se amplamente em decorrência da influência da Missão Anglicana, chamada Missão Yorubá, que tinha como finalidade penetrar no interior do famoso Reino dos Yorubá, com sua capital Òyó. Passaram a desenvolver uma língua escrita, baseada no falar de Òyó, e assim criaram uma língua padrão que era aprendida nas escolas [...]."

Frobenius, em sua obra *Mythologie de l' Atlantide,* alega que, na terra dos iorubás, ele redescobriu a Atlântida perdida. Essa civilização cruzou o oceano na direção da África no século 13 a.C., afetando culturalmente os povos locais, entre eles os iorubás. Samuel Johnsson, em *The Story of the Yourubás,* indica que os iourubás são provenientes do Egito superior ou Núbia, que eles eram súditos do conquistador egípcio Nimrod, de origem fenícia, e que eles o seguiram em suas guerras de conquista até a Arábia, onde se estabeleceram por algum tempo. Os iorubás foram expulsos da Arábia por causa do apego às suas próprias formas de adoração religiosa. Odúdúwá, seu líder, foi perseguido até Ilé Ifé, mas seus perseguidores foram derrotados.

Concluindo seu estudo mencionado anteriormente, S. O. Biobaku define a origem dos iorubás da seguinte forma:

"É quase certo, portanto, que as migrações ocorreram entre os anos 600 a 1000 da era Cristã, através de várias ondas migratórias [...] a maior onda se estabeleceu principalmente em Ekiti, que, embora não seja bem conhecida pelos historiadores tradicionais, é muito importante [...] eram dirigidos por ousados caçadores que logo estabeleciam cidades. Cada pequena cidade tinha um soberano, assistido por várias sociedades secretas [...]. A segunda grande onda de migração yorubá, que podemos chamar de Migração Odúdúduá, é a mais conhecida pela tradição e deve ter ocorrido por volta do final do século X da era Cristã. O povo que resistiu ao Islã, que tudo conquistava, encontrou um grande líder em

Odúdúduá (um chefe mais tarde deificado em mito) e deixou seus lares em busca de um lugar seguro, onde pudesse praticar a religião tradicional, uma espécie de politeísmo tingido de judaísmo. Os líderes, sem dúvida, descendem de uma estirpe mais audaz que as primeiras e trouxeram consigo maiores experiências e melhores ideias. Podemos admitir com segurança que a Migração Odúdúduá penetrou na Nigéria [...] depois de atravessar o Niger, foi para o sul e possivelmente encontrou um sítio conveniente para uma povoação em Ilé Ifé. Em virtude de seu número ser relativamente grande, ela dominou os primitivos habitantes e logo depois os absorveu. Esses recém-chegados, vigorosos e unidos sob uma liderança, logo desenvolveram uma fortaleza em Ifé, que imediatamente se transformou num centro cultural e artístico. Desenvolveram sua religião tradicional e Ifé se tornou a Cidade Sagrada, a qual foi sendo gradualmente idealizada como centro de criação. Quando eles já tinham consolidado seus poderes, outros líderes, em migrações menores, penetraram nas vizinhanças, numa expansão sustentada em forma de leque."

PERGUNTA: A Umbanda é uma religião afro-brasileira?

PAI TOMÉ: Meu filho, a África é um continente imenso, com uma diversidade enorme de culturas. Lembremos que o Egito está na África, e a aculturação semita que deu origem ao judaísmo também influenciou a principal cultura que influencia a Umbanda, de onde veio o culto aos Orixás: a cultura nagô. Quando falamos em Orixá, inevitavelmente estamos nos referindo à antiga Nigéria, que hoje corresponde à República Popular do Benin. Por esse simples fato, podemos concluir que a Umbanda teve influência de certas regiões da antiga África, mas rotulá-la de "afro-brasileira" é um equívoco, da mesma forma que nem todos os pássaros que voam nos céus são andorinhas, embora todos tenham asas. A Umbanda é uma genuína religião brasileira com influências indígenas, africanas e europeias (catolicismo e espiritismo).

PERGUNTA: Pode nos falar sucintamente das outras culturas africanas que também influenciam a Umbanda, além da nagô iorubá?

PAI TOMÉ: Perfeitamente, meu filho! Há de se considerar que, quando mencionamos os Orixás, sua origem inquestionavelmente é nagô. Quantos pontos cantados por essa imensa pátria nos terreiros de Umbanda falam em Zambi, o Deus Criador! Esta palavra (Zambi) é originalmente descendente do dialeto quimbundo, antigamente falado em Angola. Logo, a denominação de Deus como Zambi está geograficamente localizada em um lugar diferente do Deus Olurum ou Oludumare dos nagôs e de onde se originou a teogonia dos Orixás. Podemos citar ainda os inquices (deuses) angolanos, diferentemente dos voduns, originários da língua fon, da cultura Jeje, que antigamente ficava ao lado da antiga Nigéria, na atual República Popular do Benin. Num processo de mistura, essas culturas foram adaptadas e incorporadas ao solo pátrio verde e amarelo, e nesse caldeirão étnico muitos podem pensar que a Umbanda traz a cultura africana como se fosse uma única coisa. Reduzir a Umbanda a uma única origem africanista, quando, em verdade, ela é multifacetada diante de diversas interpolações ritualísticas e "teológicas", atende a interesses das Sombras de desvincular a Divina Luz do Cristo. Mantém-se assim a herança atávica dos sacrifícios animais às divindades, pois, ao desconectar a Umbanda de Cristo, se dispensa o sacrifício sagrado do Cordeiro de Deus que foi Jesus.

Quem aceita o Cristo-Jesus não molesta os irmãos menores, mesmo que simbolicamente sacrifiquem Jesus nas missas. O sacrifício mental simbólico difere do corte real no pescoço do animal. Cada vez mais devemos esclarecer as consciências para a necessidade premente de revisão dos sanguinolentos atos sacrificiais em favor de trocas com as "divindades", tal como Jesus plantou as sementes da Boa Nova entre o sumo sacerdote e os fariseus de Israel que coordenavam o culto e os sacrifícios, primeiro no tabernáculo, depois no templo de Jerusalém. Nem toda a sementeira germina, como bem ensina a parábola do semeador, já que muitos terrenos lamentavelmente até hoje não se deixam regar pela água que sacia a sede espiritual das criaturas.

PERGUNTA: Então temos várias raízes afro-brasileiras que influenciam a Umbanda?

PAI TOMÉ: Exatamente! Mas a raiz cabocla, a do índio brasileiro, como a do Caboclo das Sete Encruzilhadas, que incorporava no médium Fernandino de Moraes, é decisiva para a compreensão do verdadeiro significado da Umbanda. Dizia ele: "Vim para fundar a Umbanda no Brasil – uma religião que aceitará a todos e não virará as costas a ninguém." Umbanda é a religião na qual a gente aprende com quem sabe mais, a quem sabe menos a gente ensina, e a ninguém a gente vira as costas.

RAMATÍS: Intitular a Umbanda como uma religião afro-brasileira é uma tentativa de reduzir suas demais raízes. Na amálgama da formação do povo brasileiro está a caixa de ressonância espiritual que define as entidades e culturas que formam o modelo teológico do movimento umbandista. Ali, o boiadeiro ensina a laçar os inimigos sem causar maiores traumas aos envolvidos; acolá, o consulente desanimado aprende com o baiano a ser mais prudente e alegre; aqui, o cangaceiro assassino é repreendido pela voz mansa e firme do preto velho; lá, o marinheiro sem pátria é ensinado pelos ciganos a amar o local em que está, independentemente das divisões das nações terrenas. E, assim, todos de mãos dadas, uns ensinando e outros aprendendo, contribuem com uma grande corrente astral educativa.

A ninguém se vira as costas quando se tem amor, do mesmo modo que nenhuma ovelha será deixada fora do aprisco do Bom Pastor (o Deus Criador), que nos lembra constantemente que os rótulos das diferenças são meras ilusões das consciências puristas e separatistas que bloqueiam temporariamente a igualdade do caminho evolutivo arquitetado por Ele.

PERGUNTA: Deus é um só, e não muitos. Paradoxalmente, os africanos descendentes dos antigos nagôs que vieram para o Brasil acreditam em vários deuses denominados Orixás. É assim?

RAMATÍS: O conceito de Deus (o poder supremo para o povo iorubá) é de um Deus único e Criador de tudo. Abaixo Dele está a hierarquia dos Orixás, forças vibracionais que se desdobram do Criador e recebem a incumbência de administrar os vários setores da natureza planetária, servindo de intermediários entre as criaturas e Ele, a Divindade que possui qualidades perfeitas, imutáveis, permanentes e é detentora de poder único e inigualável no Universo. Os atributos deste Deus único são os mesmos de todas as religiões fragmentadas na Terra, oriundas da religião primeva: Criador, Onipotente, Onisciente, Transcendente, Imanente e Sagrado.

Olodumare é composto de duas palavras e um prefixo: OL-ODU-MARE. OL significa comando; ODU pode ser poder ou tudo aquilo muito grande, extenso, infinito; MARE indica algo que permanece estável, não se move ou desvia, logo, é imutável. Então, a expressão *Olodumare* pode ser interpretada como a Divindade Única com qualidades superiores e inigualáveis.

Assim como as gotas de chuva que caem do céu provêm de uma mesma fonte de água, ou as ondas dos mares são de um mesmo oceano, o "politeísmo" do culto aos Orixás é subjacente e contido pelo monoteísmo, que reconhece uma Divindade única, sendo incorreta a interpretação popular de crença em vários deuses, como muitos querem imputar aos africanos descendentes dos nagôs que trouxeram e mantiveram vivo nesta pátria o panteão dos Orixás, que foi absorvido pela Umbanda.

PERGUNTA: O que quer dizer Orixá, em seus aspectos básicos, para nossa interpretação?

PAI TOMÉ: Meu filho, podemos dizer que a palavra *Orixá,* em seus aspectos básicos de interpretação, significa: luz do Senhor, mensageiro, força da cabeça. *Ori* significa cabeça, elemento fundamental para o pensamento contínuo dos seres encarnados, como se fosse uma caixa de ressonância da mente extracorpórea. O discernimento e o poder criativo da mente ressoam na caixa craniana, que abriga o cérebro, mas verdadeiramente sua fonte geradora está em outra dimensão vibratória. Ela é uma força característica de cada espírito individualizado, sua essência divina particularizada do Criador, manifestação diferenciada das qualidades de Deus.

Afirmamos que o Orixá de cada individualidade não tem a ver com uma entidade extracorpórea, mas originalmente com uma essência primordial e básica, energética e vibratória, cósmica, que influencia o modo de ser e o destino de cada espírito, seja encarnado ou desencarnado, demarcando profundamente a mônada (centro vibrado do espírito) do ente individualizado, sua centelha e sede da vida eterna, perene e incomparável.

PERGUNTA: A mitologia dos Orixás é humanizada. Podeis nos elucidar melhor sobre os motivos da manutenção dessas figuras humanas mantidas pela oralidade, de geração a geração?

RAMATÍS: Em verdade, foi por intermédio das figuras humanas e historietas romanceadas, mantidas pela oralidade, de geração a geração, que se preservou os conhecimentos das essências ou fatores divinos da cosmogonia religiosa dos Orixás. Com as lendas e o antropomorfismo de cada Orixá (fator divino), eles são interpretados como humanos com poderes sobrenaturais para exercerem o domínio sobre um reino da natureza. Pela representação simbólica de seus aspectos comportamentais, com atributos de divindade materializados numa personalidade, aproxima-se o intangível sacralizado do tangível profano. O sagrado passou a fazer parte da manifestação das almas encarnadas, e o próprio corpo é o receptáculo, por meio do transe ritualístico de incorporação, momento em que se unem num mesmo espaço o passado e o presente, o espiritual e o físico, resgatando do inconsciente para o consciente o aprendizado milenar do espírito, arquivado em seus veículos mais profundos, o corpo causal e búdico.

PERGUNTA: Essa humanização dos Orixás ainda é necessária diante de tantos livros e meios novos de conhecimento na atualidade?

RAMATÍS: Os Orixás são vistos como antropomorfos até os dias de hoje. Esse recurso didático adotado pela psicologia sideral foi e ainda é necessário, pois os terrícolas em geral só veem, escutam e sentem até o ponto em que os sentidos ordinários permitem. Como é difícil perceber a Espiritualidade em seus níveis superiores e abstratos, foi necessário fazer entender as essências divinas mantenedoras da vida (Orixás) no mundo concreto dos níveis inferiores, preservando esse didatismo desde as percepções tribais de antigamente até os sensitivos modernos, que rejeitam e não têm paciência para uma oralidade vivenciada no interior do templo umbandista. Aliás, ler e escrever sobre a magia dos Orixás fora dos templos, sem vivenciá-la nos rituais, é como o engenheiro que sabe descrever a planta baixa de um edifício mas não consegue distinguir o esquadro da trena ou o martelo da marreta. São teóricos da magística sagrada dos Orixás, mas ineficazes se tiverem de aplicá-la nos ritos cerimoniais invocatórios, aprendizado que só ocorre na vivência prática templária umbandista.

PERGUNTA: Qual a finalidade dos mitos humanizados? Existe ligação entre os "Orixás" ancestrais e os espíritos encarnados?

RAMATÍS: Os mitos humanizados servem tão somente para o entendimento dos atributos divinos dos Orixás enquanto cocriadores planetários. Há de se esclarecer que os ancestrais divinizados já reencarnaram, assim como os santos de todas as religiões. Independentemente da crença e fé religiosa de cada consciência, os Orixás têm ligação com as individualidades humanas pelo tipo predominante de energia formada pelas múltiplas vivências no orbe, que fica impregnada nos períspiritos. Assim, a cada vez que um espírito retorna à carne, determinados atributos e predisposições psicológicas se sobressairão ou serão refreadas sob a influência de determinado Orixá, formando-se uma estreita ligação cármica com essas energias, que vocês entendem popularmente como "Orixá de cabeça".

Observações do médium

É possível incorporar a forma-pensamento de um Orixá, a qual é plasmada e mantida pelas mentes dos encarnados. Nas palavras deste médium, transcritas do livro *Mediunidade e sacerdócio*:

"Era dia de sessão de preto(a) velho(a). Estávamos na abertura dos trabalhos, na hora da defumação. O congá "repentinamente" ficou vibrando com o orixá Nana, que consideramos a mãe maior dos orixás, e seu axé (força) é um dos sustentadores da egrégora da Casa desde sua fundação, formando par com Oxóssi. Faltavam poucos dias para o amaci (ritual de lavagem da cabeça com ervas maceradas), que tem por finalidade fortalecer a ligação dos médiuns com os orixás regentes e guias espirituais. Pedi um ponto cantado para Nana Buruquê antes dos cânticos habituais. Fiquei envolvido com uma energia lenta, mas firme. Fui transportado mentalmente para a beira de um lago lindíssimo e o orixá Nana me "ocupou", como se entrasse em meu corpo astral ou se interpenetrasse com ele, havendo uma incorporação total.

[...] Vou explicar com sinceridade e sem nenhuma comparação, como tanto vemos por aí, como se a manifestação de um ou outro (dos espíritos na umbanda *versus* dos orixás de outros cultos) fosse mais ou menos superior, conforme o pertencimento de quem os compara a outra religião. A 'entidade' parecia um 'robô', um autônomo sem pensamento contínuo, levado pelo som e pelos gestos. Sem dúvida, houve uma intensa movimentação de energia benfeitora, mas, durante a manifestação do orixá, minha cabeça ficou mentalmente vazia, como se nenhuma outra mente ocupasse o corpo energético do orixá que dançava, o que acabei sabendo depois tratar-se de uma forma-pensamento plasmada e mantida 'viva' pelas mentes dos encarnados."

O transe ritual na Umbanda

PERGUNTA: O transe de incorporação ritualístico na Umbanda é o mesmo dos cultos das práticas mágicas populares que "recebem" os Orixás?

RAMATÍS: O transe na Umbanda é mediúnico e acontece para que haja a comunicação oral dos espíritos manifestantes com os consulentes. Varia de médium para médium, de acordo com sua sensibilidade, da irradiação intuitiva à semiconsciência, situação em que o medianeiro se lembra vagamente do que falou nas consultas. Os cultos ritualísticos que incorporam os Orixás se dão preponderantemente por um processo arquetípico anímico de transe de incorporação. Os Orixás não falam e se manifestam padronizados. Todos os Oguns, Oxuns, Xangôs dançam igual entre si e, a partir do transe ritualístico, se humanizam, expressando-se no corpo de quem os "recebe". O gestual simbólico que realizam revive o mito antigo e harmoniza o ambiente e o inconsciente coletivo dos circunstantes, que se ligam atavicamente por meio de suas memórias perenes atemporais alojadas na mente espiritual de cada um (fruto de encarnações passadas em clãs religiosos), e aí rememoram a mitologia ancestral pelos movimentos, vestes, sons, cores e gestos das "entidades" manifestadas. Obviamente, os centros umbandistas ligados a uma ancestralidade africana mais acentuada podem, concomitantemente com os espíritos falangeiros, praticar em seus ritos internos os toques, cantos e louvações litúrgicas para os Orixás, e acomodar pacificamente o transe anímico de transe mediúnico, já que as entidades do lado de cá convivem harmoniosamente com a diversidade. Em verdade, são infinitas as possibilidades de interpelações rituais, dada a liberdade que todo sacerdote umbandista tem, juntamente com seus mentores, de elaboração litúrgica. Essa elasticidade de opções fortalece a Umbanda, ao contrário do que preconizam muitos cidadãos afeitos às purezas doutrinas e cartilhas prontas, temerosos do desconhecido e de novidades, acomodados que estão no tédio do já sabido, tal qual a preguiça, que não pula de galho tão facilmente.

PERGUNTA: Afinal, se o Orixá não é uma entidade extracorpórea, mas uma essência primordial e básica, energética e vibratória, que influencia o modo de ser e o destino de cada espírito, seja encarnado ou desencarnado, o que é que se incorpora no transe de incorporação na Umbanda quando tocamos e louvamos os Orixás nos ritos internos?

PAI TOMÉ: Meu filho, se ficar paralisado contando as penas do penacho do caboclo, não conseguirá percebê-lo em sua majestosa essência celestial. Importa a finalidade do rito muito mais do que a manifestação externa, da mesma forma que nem todas as flores vistosas no belo jardim são as mais valiosas, podendo as verdadeiramente odoríficas se encontrarem nas matas virgens.

Aqueles que criticam com empáfia o transe anímico de incorporação demonstram uma autodefesa em suas estruturas psíquicas, pois não conseguem esvaziar seus intelectos avantajados, ao contrário dos simples de espírito. Em verdade, o que se incorpora nos transes dos cultos aos Orixás pode ser mero animismo inconsciente ou uma forma-pensamento (egrégora) do Orixá, plasmado e mantido pela ritualização frequente da mitologia (humanização) do próprio por meio dos cantos e toques de louvação.

Importa lhes dizer que são magníficas as cores, os sons, odores e movimentos energéticos gerados, propícios à manipulação da energia do sítio vibratório e do reino da natureza do Orixá em questão, associados ao ectoplasma do sensitivo em estado alterado de consciência ou transe anímico de incorporação. Nós, espíritos do lado de cá, estamos juntos, trabalhando com esse manancial gigantesco de fluidos liberados em prol da caridade com Jesus. Podemos realizar todas essas coisas por mérito de Deus e de Seus aspectos vibratórios diferenciados, os Orixás.

PERGUNTA: Muitos são da opinião de que é um atraso ainda ensinarem na Umbanda que os Orixás são ancestrais humanos divinizados, alegando que os espíritos superiores não têm mais tempo a perder. O que tendes a dizer?

PAI TOMÉ: Meu amado filho concebe Jesus sem tempo a perder? Ele, que só pregou o sublime Evangelho por três anos? Se o Criador fez tudo diferente um do outro, depende do aspecto (atributo) que se está comparando. Nunca devemos impor igualdades ou desejarmos que o outro seja semelhante às nossas concepções religiosas espiritualistas. Como todos os aspectos evolutivos existentes no Cosmo pertencem ao Criador e ninguém mais no Universo os possui em sua totalidade, resta-nos, aos demais seres viventes, nos igualarmos como seres em eterna evolução. Não é verdade?

Por mais discernimento espiritual que alcancemos, atributos divinos e mentais que angariemos, nunca seremos iguais ao Criador. Assim como milhões e milhões de grãos de areia no deserto, somos todos espíritos iguais na desigualdade em relação a Ele, a Absoluta Perfeição. Logo, deixemos de lado o senso de superioridade e tenhamos humildade por sermos igualmente imperfeitos uns em relação aos outros e, inexoravelmente, a Deus.

PERGUNTA: Além dos cultos afro-brasileiros, também nas pajelanças ameríndias a consciência se desenvolve no sentido de reconhecer que o ego é constantemente interpolado por outros espíritos que com ele convivem constantemente e que atuam e se expressam por meio dele, colocando-o sob seu influxo, advindo o transe de incorporação. Sob esse prisma, podemos afirmar que o caboclo é o Orixá genuinamente brasileiro?

RAMATÍS: É de senso comum que no mundo "nada se cria e nada se perde, tudo se transforma". Os processos de criação do Universo são a soma das energias livres oriundas do próprio Criador, momentaneamente aprisionadas nas formas transitórias. Afora Deus, ninguém pode aumentar ou diminuir as energias cósmicas, sempre à disposição de todas as criaturas, de acordo com a capacidade de entendimento de cada comunidade espiritual humana. Os homens têm, nas religiões novas, modalidades e descobertas de uma mesma energia primordial, que, por sua vez, também se desenvolve e melhora de acordo com a técnica humana e sua correspondente evolução mental.

Observe a sabedoria simples e, ao mesmo tempo, profunda de um ponto cantado de caboclo nos terreiros de Umbanda:

Caboclo que vem da mata,
Da mata traz seu poder.
Arreia, Caboclo, arreia
Arreia que eu quero ver

O caboclo, ao "descer" no corpo do medianeiro, carrega consigo registros profundos que ecoam no subconsciente (memória perene localizada na mente extrafísica) do médium quando da realização prática do transe de incorporação. O arquétipo do caboclo, em sua formação no inconsciente coletivo, não é diferente da construção dos mitos dos Orixás, havendo uma mesma fonte de ancestralidade divina na figura do caboclo brasileiro, assim como existe nos Orixás africanos, pois ambos bebem de uma mesma fonte mantenedora da vida no Cosmo, Deus. Em verdade, a figura do caboclo da Umbanda, tido por muitos religiosos umbandistas como o Orixá brasileiro, extrapola o símbolo do descendente indígena e se amalgama não só com o mestiço do branco com o indígena, mas também com toda a memória ancestral dos nativos brasileiros, dos mamelucos, boiadeiros do interior, cangaceiros da caatinga, mestres juremeiros, benzedores, curadores e interioranos em suas choças de barro, numa constelação de estrelas simbólicas de rica variedade de cunho espiritual, psicológico e social, que podemos afirmar como a "alma" do brasileiro.

PERGUNTA: O que era a pajelança dos antigos indígenas brasileiros?

RAMATÍS: A pajelança era uma prática xamânica de caráter mágico-terapêutico. Com uma cosmovisão peculiar, ricamente construída pela prática regular de desdobramentos astrais induzidos por meio de beberagens de ervas propiciatórias, construiu, acerca do ambiente espiritual e natural, poderosa e profunda metodologia de comunicação e intercâmbio mediúnico. Compreendendo a ancestralidade e o mundo mítico, etéreo-astral, corroborava, na maioria das culturas nativas brasileiras, a noção da reencarnação. Não por acaso, o transe anímico e mediúnico estava presente por meio de recursos como danças rituais e mantras específicos, estruturando um contínuo trânsito entre os planos físico e espiritual, o que foi visto pelos catequizadores católicos europeus como algo demoníaco. Foi combatido, na maioria das vezes, com a mortandade sorrateira dos pajés – sacerdotes – silvícolas, numa tentativa de se estancar a manutenção desses conhecimentos mágicos pela transmissão oral do saber da magia xamânica, notadamente entre os tupinambás – tronco tupi.

PERGUNTA: Nos transes de incorporação, verificamos a sujeição do corpo do sensitivo ao comando da entidade comunicante. Em alguns casos, não existem exageros dos médiuns?

RAMATÍS: O exagero nem sempre ocorre por conta dos médiuns. Por vezes, caboclos há que ainda são "selvagens", como se habitassem as matas virgens. Há um processo recíproco de aprendizado, e, gradativamente, o movimento gestual vai se acomodando. A comunhão mental estabelecida por esses espíritos no mediunismo de terreiro com a individualidade mediúnica registra, no campo de consciência do medianeiro, as marcas profundas dessa experiência, que serve para despeitar aqueles registros de natureza similar presentes no inconsciente do médium. São energias psíquicas que se apropriam da cognição e psicomotricidade pela projeção, irradiação e fixação de fluidos (irradiação espiritual) em determinadas áreas do corpo do médium (plexos nervosos e chacras), ocorrendo a ligação do guia ou caboclo concomitante à posse do corpo do médium e ao controle total sobre o mesmo.

PERGUNTA: Ficamos estupefatos com sua afirmação: "caboclos há que ainda são selvagens, como se habitassem as matas virgens". Então existe a possibilidade de exagero e até violência na manifestação das entidades comunicantes na forma de caboclos?

RAMATÍS: Como falamos, é de senso comum que, no mundo, nada se cria, nada se perde, tudo se transforma. Em verdade, o éter cósmico oriundo do hálito de Deus nutre, dinamiza e aperfeiçoa as diversas manifestações da vida em leis imutáveis e perfeitamente adequadas à compreensão e capacidade latente de germinação da consciência de cada ego-espírito criado. É inexorável o progresso, e o mundo material e o mundo espiritual não duelam entre si, mesmo que aparentemente o imediatismo dos seres possa elaborar verdades transitórias diante do plano maior da vida, o qual contempla uma melhora gradativa das mentes buriladas pelas experiências humanas entre as salutares reencarnações sucessivas. Nesse aspecto, a engenharia cármica prevê que a todos serão dadas iguais oportunidades de estagiar no escafandro grosseiro da matéria.

Milhões de índios foram selvagemente dizimados em todos os territórios ao entrar em contato com os dominadores brancos europeus. Somente em suas pátrias, estatísticas do lado de cá apontam mais de 10 milhões de silvícolas chacinados de todas as formas possíveis ao longo de pouco mais de 400 anos, quando não sob a égide dos catequistas "libertadores" das almas pecaminosas dos "selváticos" e "indolentes" peles-vermelhas brasileiros. Pela misericórdia divina, muitos desses espíritos (egos) encontram o beneplácito das falanges de Umbanda, em que se preparam para reencarnar até os dias atuais. Tendo sofrido violentos assassinatos, não é incomum ficarem presos em bolsões astralinos, traumatizados e mentalmente fixos no duelo fatídico com os conquistadores intrusos de suas terras.

No choque anímico fluídico com os "cavalos" de terreiro, entre brados e urros nas primeiras manifestações, como se fossem bugres guerreiros, vão se educando e se acostumando ao contato com outras raças. Quando estão adequadamente preparados, obtêm a autorização para utilizar um nome simbólico de caboclo e aguardam, fazendo a caridade, até o momento em que reencarnarão numa raça que consideravam inimiga mortal, amansando a consciência e abrindo o discernimento para as Leis de Deus. Elas ensinam que o excesso de hoje é a ausência de ontem e que a escassez do presente pode ser a abundância do futuro, pois nada se perde na economia divina e o balanço cósmico das existências sempre fecha zerado nas duas colunas da vida, a física e a espiritual.

A compreensão de que não há injustiça no plano de evolução do Criador consola quando sabemos que as vítimas de hoje, assassinadas por motivos religiosos, foram os ferrenhos inquisidores de outrora ou os soldados e centuriões romanos que dilaceravam corpos de cristãos pelos vastos territórios conquistados na superfície do orbe em perseguições ocorridas durante o período do cristianismo primitivo nascente.

Observações do médium

Existe um amigo espiritual que nos assiste, que se chama Caboclo Ventania. É um altivo caboclo de Oxóssi que se diz capangueiro de Jurema. É o tipo de espírito preparado nos embates com o Astral inferior e que, quando se faz presente, é para resolver, não ficando nada pendente. Corroborando o texto de Ramatís, Caboclo Ventania, em outra oportunidade, nos mostrou o desencarne ocorrido nos Estados Unidos da América. Ele era um guerreiro ameríndio que foi emboscado num precipício quando em disputas e contendas com os invasores brancos de seus territórios. Ficando à mercê dos perseguidores, que estavam em número muito maior, ele e mais um agrupamento de índios, devidamente paramentados para a guerra, galoparam em seus possantes cavalos direto rumo ao precipício, todos desencarnando ao se chocarem com as rochas da alta e íngreme montanha à margem do Rio Colorado. Preferiram morrer altivamente do que ser assassinados pelos conquistadores.

Marcou-me a visão do lindo cavalo branco de Caboclo Ventania e o sentimento que ele me transmitiu nessa vivência, pois vime galopando ao vento no dorso do portentoso garanhão. Uma sensação de liberdade inigualável apossou-se de mim ao rever as pradarias vermelhas entre bisões, no vasto território da tribo ancestral, uma linhagem de família espiritual remotíssima e que registra nossa própria existência neste planeta. Obrigado, Caboclo Ventania! Que eu tenha sempre vossa bênção. Okê!

PERGUNTA: Pode nos descrever como os médiuns se comportam durante o transe de incorporação pelos caboclos?

RAMATÍS: Nos estados acentuados de transe de caboclos, os médiuns assumem posturas de grande segurança, altivez, destreza e mobilidade. Durante as danças rituais, ao som dos atabaques conjugados com a entoação dos pontos cantados, mantras de fundamentos magísticos propiciatórios e indutores de estados alterados superiores de consciência, vê-se as entidades do lado de cá, muitas de grande beleza, entre cores iridescentes, momentos em que os médiuns se acoplam num mesmo espaço sagrado com esses guias e giram em torno de seu próprio eixo, havendo um perfeito entrosamento e encaixe vibratório entre o perispírito do medianeiro e do espírito comunicante – plexos nervosos e chacras dos médiuns ficam justapostos, interpenetrados nos chacras e corpo astral da entidade que o "toma", tornando-se ambos um só à nossa visão astralina.

São vivências mediúnicas com o nível de consciência coletiva em que todos os presentes são tocados e convidados a participar do ambiente espiritual formado e, ao mesmo tempo, em conformidade com o grau de compreensão e sensibilidade de cada um dos participantes desses ritos indutores do transe de incorporação.

PERGUNTA: Conforme o que disse, no momento em que os médiuns se acoplam num mesmo espaço sagrado com seus guias, eles giram conjuntamente em torno de seu próprio eixo. Parece-nos que o medianeiro rodar em torno de si mesmo é uma prática dispensável, pois já vimos médiuns ficarem tontos até caírem pela insistência do sacerdote dirigente em ficar rodopiando os mesmos. Pode nos dar maiores elucidações a respeito?

RAMATÍS: Confundis o giro espontâneo e natural imposto pelo caboclo em torno da medula espinal, que forma o eixo de chacras que liga o corpo físico ao corpo astral por meio dos milhares de circuitos eletromagnéticos localizados no duplo etéreo do media-neiro, com os exageros que fazem alguns sacerdotes despreparados, que tratam seus médiuns como cavalinhos de parque de diversão. Os vórtices energéticos do corpo astral do espírito do lado de cá têm força centrífuga e centrípeta que harmoniosamente mantêm a integridade da entidade quando esta se aproxima do plano material por meio de um intenso rebaixamento vibratório imposto.

Imagine um escafandrista em profundas águas lodosas que não tivesse a aparelhagem de mergulho precisamente calibrada para su-portar as grandes profundidades oceânicas. Assim ocorre com o espírito comunicante, que, se não estiver adequadamente acoplado em seu médium, pode danificar em certos pontos sensíveis o corpo mais sutil, o astral. O giro provocado em torno do eixo da medula espinal é um ajustamento de sintonia fina entre os movimentos de forças que convergem interpenetrando-se (chacras com chacras), mantendo-se, assim, a perfeita inviolabilidade do sistema orgânico do aparelho mediúnico, de gânglios, plexos e glândulas endócrinas.

PERGUNTA: Qual seria, então, o trabalho caritativo rea-lizado pelos caboclos?

RAMATÍS: O trabalho caritativo terapêutico dos caboclos se dá pelo aconselhamento, conhecimento das ervas e da fitoterapia, cumprindo um caráter profilático, pois aproxima-se da necessida-de dos que buscam auxílio e consolação nas tendas, nos terreiros, templos e choupanas de Umbanda ao realizar uma função espiri-tual social de acolhimento e alívio das tensões de várias ordens que afligem e comprometem o bem-estar do ser humano. Infelizmente, seus governantes ainda priorizam os grandes festins coletivos que inebriam as populações, canalizando valiosos recursos para a cons-trução de estádios de futebol, enquanto milhares morrem sem um leito hospitalar público. Os que criticam os caboclos da Umbanda e são portadores de assistência médica particular nunca compreende-rão o quanto a sabedoria milenar mágica e mediúnica do herbanário contribui para o equilíbrio biopsicossocial dos menos favorecidos interioranos e da periferia dos grandes centros urbanos.

Quando os caboclos comungam da experiência do transe de incorporação ritual com seus filhos, eles sacralizam o corpo do médium (naquele momento, o templo de manifestação), que serve de elo entre o plano espiritual e o plano terreno, para que aos excluídos seja possibilitado o acesso às dimensões mais profundas da própria existência espiritual, a fim de que consigam encontrar um mínimo de saúde e equilíbrio psicológico e mental na matéria.

Rogamos que se perpetue o aprendizado da compaixão e misericórdia aos estagiários nas leis de Umbanda, uma vez que os poderosos e os governantes carecem de simplicidade, maturidade, segurança e serenidade para abrir mão de seus interesses em favor das coletividades menos privilegiadas.

PERGUNTA: E a manifestação (transe) dos pretos velhos se assemelha à dos caboclos? Afinal, é necessário que os médiuns se curvem?

PAI TOMÉ: Meu filho, o transe dos pretos velhos difere do dos caboclos. Trata-se de uma vibração que "abre" o chacra frontal, ampliando a capacidade de anamnese dos médiuns durante as consultas, dando-lhes um apurado senso de percepção dos reais problemas e queixas dos consulentes, que, no mais das vezes, não são verbalizados por eles. É verdade que nem todo preto velho foi escravo e se curva ao se manifestar. Ao mesmo tempo, essa linha de trabalho na Umbanda atua fortemente irradiada no chacra básico, liberando enormes quantidades de fluido animal (ectoplasma) utilizado nas curas espirituais e nas mais diversas tarefas caritativas no Astral. É um tanto comum o "afrouxamento" das pernas dos médiuns pela "pressão" desse chacra, advindo daí o fato de os médiuns se curvarem.

"Cavalo de santo" – o médium e sua transformação espiritual na prática da mediunidade de terreiro

PERGUNTA: Os médiuns da Umbanda são orientados pelos dirigentes a se preocupar fundamentalmente em reconhecer os espíritos que os assistem. Eles não deveriam estudar mais, em vez de se ocuparem tanto, em seus encontros ritualísticos, com o reconhecimento fluídico das entidades?

PAI TOMÉ: Meu amado filho, falar sobre desenvolvimento mediúnico dentro de uma casa de Umbanda – e frequentamos muitas daqui do Astral – é tarefa das mais árduas, embora já tenhamos verificado melhoras expressivas nos últimos anos. Infelizmente, muitos sacerdotes entendem que desenvolver os "cavalos de santo" é fazê-los rodopiar ao som de estridentes tambores desarmados, acompanhados de cânticos gritados, até altas horas da madrugada. A iniciação do médium neófito é como o começo da construção de uma casa, cujas paredes, se não tiverem o alicerce bem cimentado, poderão desabar mais adiante.

O estudo do vasto material escrito de que os umbandistas dispõem hoje, aliado às instruções orais dos zelosos dirigentes, tornam-se fundamentais e indispensáveis para enriquecer a compreensão e o amadurecimento de seus adeptos durante as práticas de incorporação, nas chamadas giras de desenvolvimento.

RAMATÍS: Sem dúvida, o conhecimento amplia a percepção e o discernimento colabora positivamente para o médium de terreiro reconhecer "suas" entidades com proficiência. Na ritualística de Umbanda, existem diversas energias dos Orixás atuantes ao mesmo tempo, que, por sua vez, formam as linhas vibratórias de trabalho que se cruzam durante as consultas, e o medianeiro deve percebê-las claramente para bem operar irradiado magneticamente por seus guias. Ele deve estar firme e seguro, em favor dos que procuram os terreiros, para que o campo psíquico mediúnico não sofra interferências de intenções alheias que acompanham os atendidos e objetivam enfraquecer a capacidade magística dos trabalhos.

Esquecem, os que criticam o método adotado pelos chefes de falanges e de linha na Umbanda, que os médiuns atendem diretamente vários consulentes, um de cada vez, durante uma sessão de caridade, abrangendo as mais variadas situações, muitas de grande complexidade e que ainda não foram compreendidas satisfatoriamente pelos que professam outra forma de mediunismo.

Todavia, no vasto panorama das relações entre o mundo oculto e o material levado a efeito nos terreiros de Umbanda, cada vez mais ela se constitui numa doutrina que tem uma unidade visivelmente palpável quando comparamos os diversos centros sob a égide da Lei de Pemba, já que os esforços de muitos sacerdotes sérios servem para escoimar as excrescências do animismo descontrolado, que só deturpa a base esotérica da religião Umbanda. Mesmo sem uma codificação, uma vez que não é a missão da Umbanda ter uma constituição única baseada em um conjunto de códigos escritos, caminha ela a passos largos para uma organização satisfatória na

Terra, sustentando-se por uma vasta literatura publicada, acessível a todos os interessados.

PERGUNTA: Ficamos um tanto confusos com a frase "Na ritualística de Umbanda, existem diversas energias dos Orixás atuantes ao mesmo tempo, que, por sua vez, formam as linhas vibratórias de trabalho que se cruzam durante as consultas, e o medianeiro deve percebê-las claramente". Pode nos dar maiores elucidações?

PAI TOMÉ: Meu filho, é preciso saber distinguir a vibração (ou energia) dos Orixás das linhas vibratórias. São aspectos vibracionais diferentes e que agem conjuntamente. Por exemplo, o Orixá Ogum irradia a linha vibratória que leva o nome. A linha de trabalho de Ogum controla todos os fatos possíveis de execução pela ação da vontade, um atributo específico do Orixá que pode ser utilizado para escoar o carma de cada indivíduo ou grupo. Aí atuam espíritos afins com essa linha ou faixa de trabalho, necessitados de educar a vontade e aplicá-la com equilíbrio, pois foram soldados e militares guerreiros, organizados em legiões e falanges. Outro exemplo para você entender melhor é a linha dos marinheiros, formada por espíritos que foram viajantes e mercadores dos mares, por sua vez, irradiados pelo Orixá Iemanjá e comprometidos com os atributos desse Orixá de respeito e amor incondicional, independentemente de raça ou pátria, despertando a percepção de que pode gerar "vida" e de que todos somos cocriadores com o Pai. Estimulando o amor incondicional, a flexibilidade e adaptabilidade desapegada de nação ou país, os marinheiros ensinam que todos são cidadãos do mundo entre os renascimentos físicos.

Assim, meu filho, cada Orixá e linha "associada" a ele devem sucessivamente ser conhecidos e dominados pelos médiuns, que vão, ao longo do tempo, absorvendo os atributos dos Orixás e dos falangeiros em seu próprio psiquismo.

PERGUNTA: Entendemos perfeitamente que cada Orixá e a linha "associada" a ele devem ser conhecidos e dominados pelos médiuns. Mas como se dá a absorção dos atributos dos Orixás e das entidades no psiquismo dos médiuns umbandistas?

RAMATÍS: São necessários anos de vivência prática num terreiro para que os dirigentes dominem esse processo psicológico de educação anímico-consciencial na Umbanda e consigam conduzir os medianeiros, aprofundando-os na compreensão das ricas vivências rituais com os espíritos que atuam nas linhas vibratórias de cada Orixá. É necessário que se saiba que os traços psíquicos associados aos Orixás não são definitivos, nem se apresentam isolados uns dos outros. Como todos os seres humanos, eles têm a influência do meio ambiente em que vivem. É de bom alvitre que, ao mesmo tempo em que pratiquem e vivenciem as energias dos Orixás na prática ritual dentro dos templos de Umbanda, os médiuns adotem sempre o comedimento, a observação arguta e a introspecção refletida entre as vivências no terreiro no decorrer dos anos, para um melhor autoconhecimento e aprimoramento perante a vida. Obviamente, a interiorização da psicologia dos Orixás é um caminho de suma importância que pode lhes fornecer referências de comportamento na busca do aperfeiçoamento e da evolução espiritual enquanto trabalhadores da seara mediúnica com essas forças emanadas do Criador. Exemplificando: em Oxalá, temos como atributos a fortaleza e a paciência, estabelecendo a ligação com a Espiritualidade superior, conduzindo ao despertar da fé inquebrantável, à compreensão do "religare" com o Cristo interno, do qual Jesus foi o Mestre maior que pisou na Terra. O médium, ao atuar seguidamente com entidades da linha do Oriente (fazem parte desse Orixá), vai gradativamente absorvendo seus atributos e desenvolvendo em si um psiquismo peculiar e símile à irradiação do Orixá. Claro que especificidades de cada espírito que se vinculam aos médiuns estão presentes nesse processo de aprendizado e absorção, pois as entidades trazem uma grande bagagem de experiências de vidas passadas que vão sendo gradativamente repassadas aos sensitivos*.

PERGUNTA: Mas como a personalidade do médium pode ser moldada pelas incorporações, que lhe vão modificando as predisposições íntimas com o decorrer do tempo?

PAI TOMÉ: Meu filho, a psicologia da Umbanda é profunda e os olhos apressados dos preconceituosos não conseguem percebê-la, muito menos vivenciá-la, condição imprescindível para que tenha efeito no psiquismo profundo de seus prosélitos. O trabalho íntimo de transformação dos médiuns vai se dando de maneira silenciosa e vagarosa pela atuação dos guias espirituais, pela mecânica da incorporação mediúnica, a qual não vamos abordar neste momento e entendemos que já seja de domínio conceitual dos filhos.

Em verdade, a reforma íntima dos médiuns de terreiro vai muito além do estudo e se consolida no contato fluídico com os guias que trabalham nas diversas linhas vibratórias, pedagogia vivencial que lhes possibilita ir absorvendo e interiorizando os atributos e princípios psicológicos de cada Orixá que rege a linha de trabalho.

PERGUNTA: Pedimos que nos descreva sucintamente a "pedagogia vivencial" que possibilita aos médiuns irem se transformando espiritualmente. É possível?

PAI TOMÉ: Claro, meu filho, por que não haveria de ser? Pai Velho está aqui para servir em nome do Cristo. Ao incorporar "seu" preto velho no terreiro, o médium vai solidificando em si o amor, a paciência, a humildade, enfim, aprende a escutar o outro. Por um efeito especular, se já tem em si essas características latentes

---

* Quanto aos atributos dos demais Orixás, remetemos o leitor interessado ao livro Umbanda pé no chão, deste mesmo autor, que tem um capítulo dedicado especialmente à psicologia dos Orixás.

em estado potencial de germinação, as aptidões são "encaixadas" em seu psiquismo com facilidade e as qualidades do guia fluem com mais força. Obviamente, as qualidades específicas da entidade enfeixada dentro da linha dos pretos velhos também influenciam decisivamente o médium, e não poderia ser diferente, pois, do contrário, teríamos todos os espíritos de uma determinada linha iguais uns aos outros, o que seria uma aberração diante da diversidade da Criação.

Ao vivenciar o "transe" pelo caboclo, o médium é ensinado a ter disciplina, respeito à hierarquia, a valorizar a liberdade de expressão, conhecendo seu próprio poder de realização pessoal. O arquétipo dos caboclos educa os espíritos em evolução e lhes ensina que eles são capazes, que devem ter força suficiente, como se fossem flecha certeira, para suportar as vicissitudes e os desafios da vida. Com a altivez dos caboclos, o médium aprende a suportar resignadamente os ataques em decorrência do trabalho mediúnico na caridade, impregnando em sua estrutura interna a capacidade de relacionar-se com os diversos episódios adversos da vida sem desesperar-se.

Nos trabalhos iniciais de incorporação com exu, inevitavelmente a ganância, a vaidade, a soberba, a ira, o ciúme, os medos indizíveis, o orgulho, a inveja, o egoísmo, aspectos negativos da estrutura psicológica do médium, vão aparecer e vir à tona na periferia do psiquismo consciente. Ocorre que exu tem a capacidade de espelhar o que está no íntimo do sensitivo, descortinando seu interior ainda velado, muitas vezes, para o próprio indivíduo. Por isso, é muito importante o médium "treinar" dentro do terreiro, nas sessões de desenvolvimento, demonstrando passividade e manifestando exu desde o início, até firmar bem seu guardião, o que se concretizará com o autoconhecimento honesto, sem medo, aprofundando a análise de si mesmo e de todas as negatividades, sem culpa ou cobranças de perfeição ilusória. As aparências externas não enganam exu, e, se o médium não desbastar em si seus atavismos, vícios e negatividades de caráter, não suportará os trabalhos mediúnicos e inevitavelmente sofrerá influência de espíritos obsessores, denominados "quiumbas".

Temos ainda a linha do Oriente, em que incorporam guias hindus, mulçumanos, marroquinos, árabes, indianos, entre outros, estimulando o mental dos médiuns rumo à evolução espiritual pelos estudos, trabalhos de cura, conhecimento das leis divinas e terapias auxiliares à mediunidade, como a cromoterapia, acupuntura, cristais, aromaterapia...

Dentro da diversidade vivenciada nos terreiros, muitas linhas de trabalho foram criadas e aceitas pelo Alto como um processo saudável de inclusão espiritual, da essência da Umbanda. Cada uma traz ensinamentos e atributos internalizados pelos médiuns ao vivenciá-las: ciganos, boiadeiros, marinheiros, baianos, cangaceiros; todos irmanados em um único propósito: servir ao próximo, ensinar os que sabem mais e aprender com os que sabem menos, todos de mãos dadas rumo ao Criador.

As obrigatoriedades rituais geradoras de processos de subjugação espiritual

PERGUNTA: É necessário fazer "obrigações" na Umbanda na forma de seguidas oferendas para se ter a benevolência dos guias espirituais?

RAMATÍS: As confrarias do Astral inferior estudam seguidamente os encarnados, procurando arestas para aplicar suas técnicas subversivas mais eficazes, a fim de conseguirem o domínio das mentes medrosas. Portanto, deve-se fazer cada vez mais o uso da mediunidade que liberta e não escraviza. À semelhança de um elefante que pisa num caracol, toda obrigatoriedade descumprida que gera punição é um processo mental coletivo de fascinação e subjugação espiritual que causa a "morte" da liberdade do espírito, acarretando sérios prejuízos à sua evolução, aprisionando-o a entidades dependentes dos fluidos das oferendas utilizadas obrigatoriamente.

PERGUNTA: Pode nos dar maiores elucidações sobre o processo mental de subjugação espiritual gerado pelo uso de elementos rituais na forma dessas obrigações?

RAMATÍS: O mineral adormecido, o vegetal com sua seiva telúrica e o homem que libera ectoplasma são os elementos materiais primordiais enquanto condensadores energéticos. Devem ser usados reciprocamente com parcimônia, dentro de um contexto de altruístico auxílio mediúnico ao próximo, desinteressado e gratuito. Lamentavelmente, o tônus vital do sangue dos animais sacrificados distorce a relação harmônica elementar utilizada nos processos magísticos com os Orixás, pois muitos desses espíritos ficam presos nos assentamentos vibratórios mantidos secretamente nos pejis (santuários fechados aos não iniciados na religião), vivendo na contraparte etérea do plano físico, em que são cultuados, e não no plano astral, contrariando a natureza e o plano dimensional no qual deveriam estar. Isso se dá por uma relação de dependência do "pai de santo" que oficia os ritos de renovação das oferendas sanguinolentas, para que se sustentem vibratoriamente os fluidos liberados pelos sacrifícios animais, os quais devem ser renovados regularmente por toda a vida do iniciado. As entidades ficam escravas do sacerdote encarnado e de sua vontade, a fim de atender os clientes e conseguir os resultados que eles buscam. Por sua vez, os encarnados iniciados pelo corte ritualístico feito no alto do crânio ficam à mercê desses espíritos, escravizados à outra vontade que se apoderou de sua mediunidade. Essas entidades se apropriam do chacra coronário e do centro da cabeça, especificamente da glândula pineal, obtendo quase que um controle absoluto do psiquismo do iniciado e fortalecendo um pacto de "vida ou morte" eivado de mortandade animal, que se perpetuará sabe-se lá por quantas encanações futuras, numa troca sem fim. Encontram ainda, nas práticas de serviços e oferendas rituais para a clientela pagante – que são realizadas no local de culto ou fora dele em períodos intercalados entre as iniciações e o calendário religioso –, fartos banquetes sacrificiais sortidos em petiscos carnívoros e ricos em fluidos para que se mantenham lixados na Terra, ocasiões em que se alimentam das oferendas pela renovação constante do festim epicurístico "estomacal".

PERGUNTA: Então os espíritos também ficam escravizados aos fluidos eterizados e subjugados pelo sacerdote que os "assenta"?

RAMATÍS: Vivem no "terreiro" como se fossem ancestrais, verdadeiros reis, sempre sedentos de muito fluido, que deve ser fornecido por ininterruptas comidas votivas. O sangue jorrado é sempre fornecido a essas "divindades". Na geografia do barracão como espaço sagrado, ali jaz um bode com o pescoço cortado a faca; acolá, uma ave jogada no solo para tontear antes de sua cabeça ser simplesmente puxada num arranco; lá, um alguidar com fígado, pulmões, moela, coração e rins regados a azeite de dendê; cá, na cozinha, as partes restantes são preparadas para serem comidas como acepipes pelos praticantes da liturgia sacrificial, em que a vida da comunidade de santo é celebrada numa confraternização fundamentada na mortandade dos irmãos menores. Entre ladainhas, rogam ao "Orixá" festejado que receba a cabeça do animal e deixe a cabeça dos ofertantes em paz.

Do lado de cá, que chamais de sobrenatural, sendo também de senso comum que nada se perde e tudo se transforma, espíritos com faces deformadas sugam sofregamente os fluidos eterizados da linfa animal, do sangue quente jorrado, num festim que faria qualquer um de seus filmes de terror transformar-se em conto da carochinha para crianças peraltas dormirem.

Sob forte influxo mento-hierárquico, todos são subjugados e subservientes ao sacerdote oficiador dos ritos propiciatórios que liberam o ejé (axé fluídico do sangue), desde que ele não deixe de cumprir as intermináveis oferendas. Quando assim não mais puder fazer a reposição do fluido, esses espíritos prontamente se voltarão contra o ex-sacerdote, que virará escravo das entidades mais antigas e tarimbadas no magnetismo e na dominação da agremiação terrena, passando-se por reis e rainhas divinizados, perpetuando-se a escravidão recíproca ancestralizada.

Numa grosseira comparação, por falta de referências no vocabulário terreno, esses seres assemelham-se no mecanismo de ação parasitária à planta denominada cipó-chumbo, que é incapaz de realizar fotossíntese e seus ramos lembram fios de ovos, em razão da ausência de folhas e de clorofila, o que faz com que a planta seja amarela. Esse tipo de parasita é o que mais prejudica a planta parasitada, pois retira, para consumo próprio, os açúcares produzidos por ela, podendo até matá-la. Assim, em similitude, se não houver em quantidade adequada as oferendas obrigatórias na forma de comidas votivas encharcadas de sangue e vísceras animais, os espíritos parasitas do lado de cá, que estão "assentados" sob alguns elementos materiais consagrados ao comando mental, verbal e magístico do sacerdote, atacam a ele e aos médiuns da corrente, sugando-lhes violentamente a vitalidade fluídica produzida pelo natural metabolismo do organismo.

PERGUNTA: Quanto a esses espíritos que vivem no terreiro como se fossem ancestrais divinizados, reis e rainhas do passado, participando de uma linhagem que se perde nos tempos, é possível fugirem da Lei da Reencarnação?

RAMATÍS: Não pode existir a vida na matéria sem o éter físico exsudado ininterruptamente do seio da própria Terra, desde sua formação mais primária. Os espíritos fixados nas sensações de quando tinham um corpo físico, a exemplo das entidades divinizadas como reis e rainhas em certos terreiros, realmente estabelecem feudos de dominação mental de uma coletividade e, pelas seguidas doações de fluidos densos, conseguem moldar a estrutura atômica de seus períspiritos, fugindo temporariamente do magnetismo planetário que «puxa» a todos para as reencarnações sucessivas.

A forma perene de libertação dos espíritos (e de seus envoltórios) dentro da Lei Universal, para se livrar naturalmente das reencarnações compulsórias, é sutilizar seus corpos espirituais, livrando-se da atração telúrica do orbe.

O éter físico planetário volatiza-se facilmente no perispírito quando é utilizado para vitalizar pensamentos superiores, de sublimação, como o altruísmo e o auxílio ao próximo pela mediunidade. Quando o mediunismo é sustentado nos chacras inferiores, com seguidas obrigações, sacrifícios, sangue espargido e comidas variadas epicuristicamente, adensa o perispírito, e, consequentemente, essas entidades ficam tão materializadas que conseguem, provisoriamente, ser mais fortes que o magnetismo telúrico do planeta, escapando do empuxo centrípeto que os levaria a reencarnar.

Como nada é eterno, quando o sacerdote oficiador dos ritos sacrificiais desencarna, as entidades que se afinaram com ele são substituídas por outras ligadas ao sucessor encarnado, momento terrível em que seus perispíritos se deformam pela ausência do plasma etéreo sanguíneo, situação fatídica na qual muitos espíritos enlouquecem, juntando-se a turbas de "vampiros" sedentos do fluido do sangue, atacando loucamente despachos em putrefação nas encruzilhadas, nos frigoríficos, açougues, churrascarias e até restos de cadáveres humanos e animais nas covas rasas dos cemitérios.

Velas, conjuros, evocações, esconjuros, Boris e ebós – costumes cerimoniais utilizados nas práticas mágicas populares

PERGUNTA: Se não acendermos uma vela na hora de fazer uma oferenda, ou em um altar antes de um rito religioso mediúnico, os trabalhos ficarão comprometidos? Afinal, corremos algum risco ao acender uma vela?

RAMATÍS: Deve refletir que a luz cósmica não focalizada – o "c" da conhecida fórmula de Einstein –, é a base e, por assim dizer, um tipo de "matéria-prima" das coisas do mundo material e etéreo-astral. Os elementos da química, desde os mais simples até os mais complexos, são filhos da luz invisível, e, quando condensados em diversos graus, produzem sua contraparte material; deles são feitas todas as coisas do mundo.

Quer dizer que, nos planos físico e rarefeito, a luz é uma das causas primordiais e a origem das forças do Universo. Ora, o que a luz é no plano físico, Deus é na ordem metafísica ou espiritual do Cosmo. A luz física é o grande condensador desse foco irradiante metafísico. Aliás, profundo conhecedor das verdades cósmicas, o Divino Mestre afirma que Ele é a Luz do mundo, e que também seus discípulos são essa Luz. Assim como a essência do Pai está Nele e em vocês, a tarefa básica do homem, no sentido de sua espiritualização, consiste em fazer sua limitada existência humana tão luminosa quanto sua infinita essência divina. Fazer a chama imanente de cada cidadão ser um foco de luz incandescente requer tirar a fuligem do candeeiro da alma, distanciando a mente do egoísmo e das trevas inferiores e fixando a consciência nos valores clareadores do Evangelho de Jesus.

Então, sendo a luz a única coisa incapaz de ser contaminada, porque sua vibração é "máxima", não sendo afetada por nenhuma vibração inferior, obviamente uma vela acesa tem inestimável valor magístico como ponto radiante para liberação de energia e focal para a mente cambaleante na sua concentração. Todavia, não é indispensável. Então, se não acenderdes uma vela no altar antes de uma sessão ou no momento de depositar uma oferenda, não estareis correndo maior risco, se tendes convicção de que não estais separado de Deus. O que tem valia são suas intenções de se reconciliar com seus inimigos antes de entregarem qualquer oferta, independentemente dos elementos materiais utilizados para seu apoio mental e sustentação da fé oscilante, pois nenhum elemento externo substitui a fortaleza interna da alma sustentada pela fé que se alimenta da intenção benfeitora para com os irmãos de jornada evolutiva.

Obviamente, a associação da vela acesa, pela enorme liberação energética e alta voltagem irradiante, tem sua valia quando seus sentimentos são elevados. Em verdade, as disposições e os impulsos internos da criatura a farão correr riscos ou não. Ao abrir uma caixa de fósforos, pense em quais são as intenções antes de acenderdes a vela.

PERGUNTA: Então podemos acender uma vela em casa para acompanhar nossas orações. É isso?

PAI TOMÉ: Meu filho, o que acende verdadeiramente a vela é a intenção mental. Quando se risca o palito de fósforo, a vela já foi acesa em seu duplo etéreo pelo ato volitivo do encarnado. Em verdade, se sua intenção não é benfeitora, a vela acesa só vai potencializar o que está em seu campo de sentimento. Pela Lei de Sintonia e Afinidade, a luz da vela conduzirá a verdadeira intenção pelos caminhos dos planos rarefeitos. Então, se acender uma vela ao orar, não importa em que local, cuide para que sua mente não emita ondas eletromagnéticas que contrariem o livre-arbítrio e merecimento alheios. Mesmo num simples ato de orar, uma mãe pode estar desejando separar o filho da namorada, o pai, calar o chefe no serviço, a filha, ser desejada pelo professor casado, o irmão, desejar mal a outro, atos que tornam a luz da vela, que alcança distâncias até onde seus olhos não enxergam, portadora de fluidos ruins que podem atrair consciências desencarnadas em mesma faixa mental, desejosas dos mesmos fins. Esses desencarnados se sentirão bem junto aos humanos que acenderam a vela e não vão querer ir embora; como agem todos os encostos, literalmente se encostarão em vocês. Aí, meu filho, como dizem os pretos velhos nos terreiros: "Quem não pode com mandinga, que não tenha patuá".

PERGUNTA: E aqueles que acendem uma vela e conjuram os espíritos? Afinal, o que é um conjuro?

RAMATÍS: O conjuro é uma espécie de ordem cerimonial magística verbalizada por meio de alguns mantras acompanhados da vontade do conjurador, que pode estar associado a um agrupamento com a finalidade de obrigar determinados espíritos a comparecer e se manifestar. Nesse tipo de ritual, o encarnado tem ascendência sobre o desencarnado, que é totalmente subjugado à sua vontade.

O conjuro adquire força gigantesca de dominação quando realizado com obrigações sacrificiais eivadas pelo derramamento de sangue. O evocador e o evocado ficam vinculados pelo que chamam de ejé (sangue animal) e, consequentemente, só podem prestar os serviços mágicos se contiverem esse elemento. Como se fossem sócios, um depende do outro no escambo mercantilista com a clientela que procura a magia nessas práticas distorcidas e enfraquecidas dos antigos e genuínos babalaôs (iniciados africanos na magia dos Orixás). O sacerdote encarnado não tem força de realização mágica sem a participação dos espíritos desocupados que enxameiam do lado de cá, sedentos da vitalidade do sangue. Toda a sequência do ritual é acompanhada de cânticos e ladainhas, e o ápice da imprecação mágica se dá quando o animal tem seu pescoço cortado e jorra o sangue quente.

Realmente, os motivos mais vis unem os dois planos de vida: seres em reciprocidade de sentimentos impiedosos e perversos do além-túmulo realizam todo tipo de negócio para auferir vantagens. Por sua vez, esses espíritos que dominam e habitam a contraparte astral dos centros que sacrificam os irmãos menores, tratados como reis e rainhas divinizados, escravizam, nas adjacências da comunidade religiosa, bandos de espíritos desajustados, entontecidos e desvitalizados. Para os veteranos das Sombras, são trapos vivos facilmente remendáveis pela oferta de algumas gotas de fluido vital remanescente dos banquetes cerimoniais a eles servidos.

Tristemente, assim que o corpo astral do sacerdote "vivo" que os dominava passa os portais do sepulcro, torna-se ele o escravo a servi-los, pois seu conhecimento de evocação e cortes sacrificiais são valiosos para esses seres trevosos.

PERGUNTA: Então o conjuro é uma espécie de evocação?

PAI TOMÉ: Perfeitamente, meu filho, mas nem toda evocação é um conjuro. Ocorre que na evocação é feita uma rogativa, entremeada por cânticos, mantras ou ladainhas, sem compromisso ou obrigação de os espíritos comparecerem. O conjuro é realizado sob forte influxo mental e é ato de dominação escravizadora, mobilizando forças vigorosas do mundo primário elementar das energias telúricas planetárias. Teríamos ainda o esconjuro, que é um tipo de juramento com imprecações que o sacerdote faz na hora da manifestação dos espíritos conjurados, almejando causar o mal e toda sorte de infortúnios ao cidadão que é alvo do esconjuro. Geralmente, o contratante dos serviços fornece roupas íntimas com resíduos dos genitais, fios de cabelo, pedaços de unha e objetos pessoais como endereço vibratório para direcionamento da esconjuração.

RAMATÍS: São processos magísticos detestáveis vinculados a interesses subvertidos e abomináveis perante a soberana Lei de Equilíbrio que rege a evolução espiritual. São ritos de alta dinamização fluídica baseados na dinamização de sangue e excrementos do metabolismo físico humano, que movimentam forças etéreo-astrais primárias e instintivas suscetíveis à recepção e ao comando das mentes malévolas do vasto território execrável e humilhante que existe nas regiões trevosas. Em torno da crosta movimentam-se milhões de espíritos exauridos das energias vitais por não terem mais um corpo físico, os quais atendem facilmente qualquer pedido para reavivar as paixões sensórias, vícios e prazeres que o tônus vital contido no sangue e nos resíduos humanos lhes oportuniza. Assim, ao vitalizarem seus corpos astrais, os centros de memória do cérebro astralino são reavivados e conseguem momentaneamente movimentarem-se entre os encarnados como se vivos fossem, auferindo-lhes, por meio dos plexos e centros nervosos, as sensações que os hipnotizam.

PERGUNTA: Qual a lógica do pensamento popular que apregoa que quanto mais poderoso for o espírito maior será a clientela, o que daria legitimidade pública aos que prestam esses serviços mágicos, e como esses médiuns agem para impressionar as pessoas que os procuram?

RAMATÍS: Lamentavelmente, nessas práticas degradadas, o poder da entidade que assiste o médium das Sombras é testado por sua capacidade de atingir a execução daquilo que os desonrados clientes estão solicitando, regiamente pago, o que garante uma clientela que, por sua vez, avaliza-o perante o mercado das práticas mágicas populares. No meio religioso às avessas que prepondera no imaginário popular e de certas elites exigentes dos grandes centros urbanos, a lógica não roga chegar ao Pai, e sim ao alcance do alvo visado, para causar o mal pela intercessão de um despachante mediúnico.

Como os nomes das vítimas da magia nefasta podem ser manipulados para enfraquecê-los – afinal, são os inimigos a serem destruídos –, os feiticeiros escrevem-nos, citando-os em voz alta no ato de esconjuro, associado ao corte fatídico que extingue a vida do animal, para impressionar os contratantes dos serviços mágicos. Os papelotes com os nomes dos desafetos são depositados em locais considerados propiciatórios do poder mágico destruidor do oficiante, como embaixo de velas em formato de pernas, mãos, genitálias e crânios, em roupas íntimas usadas enterradas em cemitérios, junto com fios de cabelo e pedaços de unha deixados com pimenta dentro de animais, ou na boca de bodes que tiveram as cabeças decepadas.

PERGUNTA: Ficamos estupefatos com a utilização de roupas íntimas usadas nessas práticas malévolas de esconjuro. Qual a consequência dessa magia terrível?

RAMATÍS: Imaginemos que uma amante queira separar o amado de sua esposa. Eles, em conluio, conseguem roupas íntimas usadas com restos de menstruação. No ato do esconjuro, o sacerdote oficiante do rito malévolo ordena e juramenta o alvo da magia para que ele seja atacado e desvitalizado em seu centro genésico, enfraquecendo e subjugando sua vontade. No plano oculto à visão dos encarnados, os resíduos do metabolismo do período de fertilidade são usados como endereço vibratório. Técnicos das Sombras mobilizam entidades perdidas nos vales de sexo do Astral inferior e as direcionam, tresloucadas que estão, ao contato prazeroso com o centro sexual orgânico que não mais possuem, tendo como alvo a pobre esposa. Rapidamente advém intenso sangramento que a medicina não consegue solucionar. Horda de espíritos colam-se no chacra básico da "infeliz", sugando-lhe a vitalidade do órgão reprodutor por meio da vampirização dos fluidos vitais. Pelo impacto nefasto da ressonância vibratória causada, instala-se a presença de sintomas neurológicos sem nenhuma lesão identificada nos centros nervosos, mas notadamente com danos microscópicos no duplo etéreo danificado, podendo ser irreversível, a depender da situação, com perda ou embotamento da consciência e complexa sintomatologia pelo desalinho do sistema neurovegetativo, acompanhado de prejuízo da memória, cefaleia, náuseas e vômitos, distúrbios visuais e tonturas. Especializado magnetizador ainda implantou em sua residência bolsão de espíritos perdidos no passado, almejando vingança por traição amorosa. Rapidamente advém o abalo da homeostase orgânica e se instala quadro mórbido de desequilíbrio físico gerador do enfraquecimento da vontade, ficando a esposa à mercê do assédio do marido, que já procurou advogado para se separar. Infelizmente, esse fatídico quadro não é ficção do além-túmulo e ocorre com imensa frequência.

Podeis concluir que não é incomum a inversão de papéis numa presente encarnação para reunir em resgate recíproco desafetos do passado. A sabedoria dos engenheiros do carma contempla o fardo de acordo com a capacidade de cada um de suportá-lo. Ocorre que as criaturas reencarnadas ficam à mercê de suas disposições mais profundas do inconsciente milenar e, na maioria das vezes, se deixam dominar por impulsos atávicos. No presente caso, a atual esposa foi o marido traidor de ontem, e o esposo, a mulher traída no casamento fatídico de encarnação passada. Ambos se veem novamente diante de uma repetição de enredo e mais uma vez falham como personagens do teatro da vida para a sublimação do ego inferior.

É por essas reminiscências do passado ainda não transmutadas, que jazem registradas nos arquivos profundos do espírito reencarnado, que geralmente o feitiço é eficaz e pega, já que afim atrai afim, conforme determina a justiça cósmica. As inteligências das Sombras exploram toda a arquitetura psíquica atemporal do ser.

Sem dúvida, o Evangelho do Cristo plenamente interiorizado é a maior defesa contra quaisquer assédios insidiosos do Astral inferior. Infelizmente, a maioria das criaturas prefere as portas largas das facilidades ao invés da porta estreita da reforma íntima que Jesus recomenda.

PERGUNTA: Como é possível a mobilização de forças vigorosas oriundas do mundo primário elementar das energias telúricas planetárias?

RAMATÍS: Como é de conhecimento dos ocultistas e dos magos de antigamente, não existe vida na matéria sem o éter físico que emana da própria Terra. É nas energias telúricas planetárias que estagiam os espíritos da natureza, os quais encontram-se em processo de individuação para encarnar futuramente no ciclo nominal. Ocorre que o derramamento de sangue e a similitude dos sais minerais e princípios ativos em suspensão existentes no plasma sanguíneo, unidos às energias telúricas do planeta, atraem, pelos conjuros e esconjuros, os espíritos da natureza: duendes, gnomos, silfos e sílfides, que ficam viciados nesse alimento leitoso (linfa fluídica) e, consequentemente, deslocam-se dos sítios naturais que habitam para fazer parte do círculo de imprecações mágicas do oficiante encarnado.

Rompe-se o ciclo divino de evolução e esses pequeninos seres absorvem toda a maldade humana e transformam-se em terríveis demônios irreconhecíveis e violentos parasitas, tecendo forças vigorosas e destruidoras da vitalidade dos encarnados, quando a eles direcionados*.

PERGUNTA: Nesses locais aviltantes que fazem seguidos sacrifícios animais às divindades, os espíritos benfeitores comparecem? Por que o Alto permite ainda o fornecimento de sangue nesses locais?

RAMATÍS: Os espíritos benfeitores são missionários que suportam as mais atrozes vibrações contrárias aos trabalhos para conseguir disseminar o Evangelho de Jesus. Quantos de vocês comparecem ao terreiro de Umbanda, centro espírita ou à igreja da Nova Era com o intestino carregado para dar conta do bife sanguinolento, da dobradinha ou da pizza de calabresa degustada minutos antes do trabalho mediúnico? Em seu mundo interior orgânico, quando a bile não consegue emulsificar as gorduras, o ácido do estômago não é neutralizado e a tripsina e a quimotripsina não decompõem as proteínas adequadamente, ocasionando peso na cabeça, sonolência e bocejos, que muitos dizem ser doação de ectoplasma para os espíritos benfeitores. Em verdade, é a superfície do intestino delgado açoitado pela absorção das bactérias dos restos que suas enzimas não conseguem dividir em componentes suficientemente pequenos para que a carne não apodreça nas entranhas. Ocorre que sua flora intestinal, com excesso de bactérias, trabalha arduamente e produz muitas vezes uma quantidade substancial de fluidos malcheirosos que repercutem pelos chacras inferiores, num plasma insuportável aos bons espíritos. Mesmo assim, muitos de vocês são irradiados pelas dedicadas entidades comprometidas com a caridade. Obviamente que os espíritos embrutecidos ligados à linfa sanguínea liberada pelo corte do animal consideram suas emanações suaves, assim como o hipopótamo que habita a lama anda nela com eficiência.

---

* Referente ao éter-físico e suas especificidades, indicamos o livro Aos Pés do Preto Velho, deste mesmo autor.

Do mesmo modo como o beija-flor não mergulha na lagoa pútrida, os espíritos benfeitores não conseguem adentrar determinadas agremiações pela densidade de sua egrégora. Todavia, enviam espíritos obreiros que já estão com adequado nível de evangelização e que ainda estão comprometidos devido a atos sacrificiais com sangue derramado no passado, a fim de que, baixando como pretos velhos e caboclos nesses locais de sacrifícios animais, consigam, por intermédio da tarefa sacrificial redentora (já que impõem doloroso rebaixamento vibratório em seus perispíritos), com os rosários nas mãos de seus médiuns, redimir a eles próprios e, gradativamente, a seus "cavalos" e à comunidade que se reúne nesses locais degradados energeticamente.

Aos "olhos" do Alto, o ambiente do sacrifício ritual, considerado sagrado em alguns terreiros populares, é mais suportável do que muitos restaurantes, churrascarias e pastelarias frequentados pelos médiuns que, com ares de superioridade, os julgam aviltantes. O maior aviltamento está dentro de cada um, como quando ingeris retalhos dos irmãos menores finamente temperados e empanados na forma de deliciosos acepipes.

A quantidade de aves, bodes, carneiros e vacas sacrificados nos ritos das práticas mágicas populares acaba oferecendo diminuta cota para os vampiros do Astral inferior. Em verdade, o fornecimento de sangue e tônus vital às cidadelas trevosas da subcrosta se dá pelo esquartejamento de frangos, gansos, porcos, cavalos e bois nas pias e azulejos assépticos dos matadouros modernos das grandes indústrias de beneficiamento da carne. As entidades deformadas e vampirescas banqueteiam-se nesses ambientes, que não têm nenhum ato de fé, e são mais densas dos que as que comparecem nos ilês e barracões. É na subversão da alimentação da humanidade carnívora, independentemente de quaisquer ritos e processos de magia, que as inteligências das Sombras obtêm vastíssima cota de ectoplasma do sangue para sustentar suas vidas e habitações aviltantes do lado de cá. Aliás, são os médiuns, pelo acesso maior ao conhecimento espiritualista, teimosia e preguiça de mudar seus hábitos arraigados, os maiores responsáveis perante a Lei Maior por servirem habitualmente de repastos vivos ambulantes, saciando os glutões do Astral inferior.

Diante do quadro dantesco que observamos pelo comportamento da humanidade carnívora, os Maiorais do Alto, que não endossam o uso do sangue em rituais sagrados, sejam eles quais forem, observam que o ato de fé, mesmo que distorcido, é muito menos condenável diante das feijoadas com farofas de toucinho, galetos, mocotós e churrascadas de muitos centros espíritas, igrejas e centros religiosos.

Os resgates cármicos são gerados por seus atos, e muitas tragédias e obsessões coletivas do momento devem-se ao fato de a humanidade verter oceanos de sangue diariamente para alimentar seus estômagos famélicos, não deixando margem de ação ao Mundo Maior enquanto os cidadãos terrícolas não mudarem seus hábitos destrutivos. Felizmente, a Providência Divina construiu muitas moradas no Cosmo, e orbes primários e inóspitos acabarão burilando a necessária mudança das consciências renitentes que para lá serão enviadas por merecimento delas próprias.

PERGUNTA: É certo colocar sangue na cabeça? O que é um Bori?

PAI TOMÉ: Meu filho, desde tempos idos, o homem, a fim de sobreviver, teve de adaptar-se ao meio e à vida no ambiente inóspito e selvagem, o que lhe deu o senso do que poderia fazer e do que teria de ser evitado. Ao amadurecer essas experiências, sobreveiolhe forte noção do que seria certo e errado. Podemos afirmar que a consciência é formada pela percepção desses hábitos residuais que foram mantidos pelas gerações. Sem dúvida, uma religião pode ser rudimentar hoje, mas, no passado, serviu para uma comunidade de crentes. As "verdades" metafísicas acabam sendo relativas no tempo e devem ser revistas periodicamente.

O africano tem forte senso moral baseado na religião, o que permanece até os dias de hoje, estabelecendo um corpo de valor doutrinário que determina muitas proibições que tiveram sua origem na aprovação ou desaprovação de Deus. Assim, o Alto é parcimonioso em classificar isto ou aquilo como certo ou errado, pois não se prende ao tempo da Terra, e sim à idade sideral dos espíritos. Se a fé é sincera e movida pelos valores consagrados nas Leis Morais do Cosmo, a forma de se cultar o sagrado torna-se secundária. Claro está que ritos esdrúxulos e liturgias distorcidas ou descontextualizadas no presente momento devem ser revistas, num exercício de amor e fraternidade que não aponta acertos e desacertos, mas, acima de tudo, indica caminhos para a alforria dos espíritos da prisão de si mesmos.

O amor e a fraternidade nos movem e não nos isentam de esclarecer que o Criador exige retidão em todos os sentidos possíveis da vida no Cosmo espiritual. Com o conhecimento estando ao lado, como macieira frondosa que enverga seus galhos carregados de frutos aos viandantes cansados, não é mais possível procurar adequar o uso de sangue em ritos sagrados, sacrifícios e oferendas diversas, tentando se esquivar das leis do Criador e das consequências cármicas da violação de seus códigos evolutivos. Mesmo o espírito com deficiência de valores morais tem responsabilidade, e a coletividade não pode mais suportar os desmandos de individualidades sacerdotais resistentes à mudança.

Para definir o que é um Bori, temos de mencionar o que é Ori. Em verdade, Ori seria a divindade do próprio espírito encarnado. Todas as criaturas têm a potencialidade latente do Criador e estão ligadas por essa força a Ele. Então, o poder da individualidade diante do destino, de acordo com a Lei de Causa e Efeito e o carma gerado, cria uma condição cósmica na existência, segundo a qual tudo que não for do desejo evolutivo e de direito ascensional do Ori de uma pessoa (espírito profundo ou mônada), nenhuma "divindade" externa, ancestral ou Orixá poderá alterar ou retificar.

É como se o Ori fosse o corpo causal dos ocultistas. Os africanos entendem que a ligação se dá na cabeça do indivíduo, o que não deixa de estar correto. Ocorre que o Ori acabou sendo um importante objeto de culto, ritualizado com o objetivo de fortalecê-lo, o que é denominado Bori. Em verdade, os variados elementos propiciatórios para fortalecimento do Ori (espírito) do indivíduo são de grande valia, como as ervas maceradas, frutas e demais energias encontradas nos sítios vibratórios da natureza. Com o que não podemos compactuar é o ritual de Bori utilizando sacrifício animal e sangue colocado na cabeça, em que as primeiras gotas devem escorrer pela faca até pingar no chão, entre ladainhas e cânticos. A seguir, coloca-se o sangue esguichado do pescoço do animal num prato e, depois, leva-se à cabeça do indivíduo, marcando, também, pelo oficiante do rito, sua testa, nuca, mãos e pescoço. Em alguns casos, cortam os bichos diretamente na cabeça. Posteriormente, colam as penas dos peitos das aves nas partes que foram lavadas com sangue.

RAMATÍS: Nesses momentos da liturgia sacrificial que é feita nos Boris, espíritos elementares atiram-se no pescoço da ave ou do bode e sugam-lhe o eterismo vital em segundos, deixando completamente exaurido o cadáver do animal. Preferencialmente, deleitam-se enquanto o coração está batendo, impulsionando jatos de sangue quente animados pela seiva da vida do irmão menor. Outros casos há, em ritos de Bori completamente distorcidos, em que os espíritos incorporam causando um transe sonambúlico no iniciando, e sugam diretamente o pescoço do animal, trinchando-o com os dentes. São ritos estranhos aos antigos babalaôs africanos, como aqueles em que amarram as patas dos carneiros, bodes e até bois, suspendendo-os mais alto e lhes cortando o pescoço para que o sangue caia diretamente sobre suas cabeças, como se fosse uma cachoeira das trevas em festim de orgia coletiva de Sodoma e Gomorra.

Afirmamos que, por mais repulsiva que a descrição desses atos nefastos possa ser, ainda existem espíritos mais primitivos e de vitalidade inferior que preferem "alimentar-se" do sangue humano diretamente, vampirizando os cadáveres frescos e ainda quentes, como acontece nos assassinatos nas vias públicas, nos homicídios nas favelas, nas explosões dos homens-bomba, que matam centenas de inocentes, nos tiroteios homicidas, nas guerras fratricidas entre nações e nas mais insanas mortandades causadas pelo homem, que tornam esses espíritos dependentes dos ritos de iniciação sanguinolentos das práticas mágicas populares, como o descrito Bori, feito por criancinhas do jardim de infância se comparado ao belicismo dos cultos homens "civilizados".*

PERGUNTA: O que quer dizer a palavra Bori?

PAI TOMÉ: Meu filho, da união de duas palavras em iorubá, "bó", que significa oferenda, e "ori", que quer dizer cabeça, surgiu o termo aportuguesado Bori, que, traduzido, significaria "oferenda à cabeça". No aspecto ritual e litúrgico de outros cultos, e não da Umbanda, podemos afirmar que se trata de uma iniciação à religião. Dissemos que, na Umbanda, isso não ocorre, pelo fato de que é a mediunidade que sustenta a manifestação dos espíritos-guias, caboclos, pretos velhos, exus e outras formas de apresentação, caracterizando a iniciação inquestionável do neófito na dinâmica do genuíno terreiro umbandista.

---

* Nota de Ramatís: Não é incomum os sacerdotes oficiantes desses ritos "sagrados" que utilizam o sangue enxergarem pela vidência os espíritos que ali comparecem. Não têm coragem de divulgar isso, pois, em vez dos deuses (ancestrais divinizados), com seus paramentos e insígnias características descritas na mitologia dos Orixás, observam seres com deformações em seus corpos astrais, como a velha maldição caída sobre o homem que se transformou em lobo; faces com dentes caninos proeminentes, olhos vermelhos fixos, uivando loucamente. Em outras vezes, visualizam os chefes de legião das Sombras, mentes calejadas na dominação de outros seres, dispostos a qualquer serviço para manterem seus cartéis de poder no submundo astralino.

Na verdade, o Bori é uma expressiva iniciação nesses outros cultos religiosos, sem a qual nenhum noviço poderá passar para os rituais de raspagem e catulagem, ou seja, raspar a cabeça e, com o sangue derramado, fazer um corte ritual na altura do crânio, fixando o Orixá – práticas nos ritos de iniciação dessas outras crenças religiosas. Então, Bori seria uma iniciação com sacrifício animal, sem a qual nenhum noviço pode passar pelos rituais e demais graus iniciáticos, ou seja, é a primeira iniciação rumo ao futuro sacerdócio.

PERGUNTA: É possível o sangue colocado na cabeça raspada, marcada por um cone no alto do crânio, fortalecer a mediunidade ou o mental do ser?

PAI TOMÉ: Meu filho, este assunto é bastante velado, e muitos o classificam como segredo que não pode ser quebrado. Nossos singelos compromissos com a consciência coletiva nos impõem maiores esclarecimentos. Na verdade, enfeixa-se a "fórceps", isto é, de maneira violenta, uma energia no chacra coronário (centro de força espiritual localizado no alto da cabeça), diretamente na glândula pineal*, centro orgânico receptor da mediunidade, fazendo, literalmente, o recém-iniciado refém de uma força exterior, que afirmamos ser um desencarnado, em conformidade com as leis universais que regem a vida dos espíritos no mundo invisível, quer acreditem nisso ou não os que ainda estão presos no hipnotismo das "divindades" perdidas no tempo, pois essa informação verídica independe de crenças e dogmas religiosos existentes na Terra.

O Bori prepararia a cabeça para que o Orixá pudesse se manifestar plenamente. Dentro do contexto religioso em que é realizado, em um rito de troca com sacrifício e sangue, bem como todos os demais elementos rituais que constituem a oferenda à cabeça, exprime

---

* Para maiores informações sobre a glândula pineal e as repercussões espirituais desses tipos de iniciações com o elemento sangue, indicamos o livro *Aos pés do preto velho*, deste mesmo autor.

desejos e rogatórias comuns: paz, tranquilidade, saúde, prosperidade, riqueza, boa sorte, amor, longevidade. Caberia ainda ao Ori (cabeça) de cada um eleger prioridades, em conformidade com seu odu (destino). Uma vez cultuando e renovando as oferendas como exigido, seus filhos receberiam, *sempre em troca do que se recebe,* o que há de melhor e o que falta na vida de cada um.

PERGUNTA: A exigência da renovação de oferendas, que devem ser feitas seguidamente pelos adeptos iniciados nesses cultos que fazem Bori, pode ser interrompida a qualquer momento?

PAI TOMÉ: Meu amado filho, mais sério do que fazer a iniciação é ter de renová-la regularmente, bem como suas oferendas, sob "ameaças" de severas reprimendas e negatividade espiritual, a exemplo do peixe de aquário que morre se não for alimentado. Existe uma dependência fluídica por parte dos espíritos que tomam conta da cabeça do iniciado, que ficarão dependentes dos elementos para adular seu "cavalo de santo", a fim de que tudo em sua vida e em sua saúde corra bem e não ande para trás. Reafirmamos que esse tipo de assunto é velado, mas a verdade é que existem muitas pessoas que se tornam viciadas em agradar ao "santo", a tal ponto que o encarnado se torna o obsessor do espírito; são as chamadas obrigações. Agrava-se essa situação pelo fato de tudo ser muito bem pago, principalmente o sacerdote que comanda os ritos. Nada é gratuito, e não existe a caridade e o altruísmo como na Umbanda.

PERGUNTA: Por que será que um "Orixá" precisaria de um elemento vital, como o sangue, para se fixar em um médium, não abrindo mão disso?

PAI TOMÉ: A religião de Umbanda que envolve a sacralidade do divino ritualizado é, acima de qualquer coisa, uma ode (um canto de louvor) à vida planetária. Veneramos as criaturas criadas por Deus, e os Orixás, inquices e voduns – divindades do panteão nagô, angola e Jeje – são absorvidos em muitos de seus fundamentos e cosmogonia na Divina Luz, a Umbanda, sem derramar uma gota de sangue. Lembremos a mediunidade cristalina dos médiuns que formaram a Umbanda nos tempos iniciais dessa religião na Terra, e reflitamos que eles não tiveram nenhuma iniciação no planeta, não fizeram raspagens e nunca precisaram de sangue ou corte ritualístico para reforçar suas portentosas mediunidades. A iniciação foi dispensada pelo Caboclo das Sete Encruzilhadas em Zélio de Moraes, pelo Caboclo Mirim em Benjamim Figueiredo e por Pai Guiné d'Angola em Matta e Silva, médiuns que foram preparados em muitas encarnações antes das últimas personalidades vividas na matéria em que serviram como medianeiros às luzes de Aruanda, o que popularmente chamam de "cavalo de santo".

Que fique claro que todos os guias que estão conosco, do lado de cá da vida, não precisam de sangue ou animais mortos para vibrar com suas mentes em suas glândulas pineais. É porta larga de facilidade reduzir a movimentação energética (o axé e seu ciclo retrovitalizador) que fortalece os aparelhos mediúnicos na Terra ao derramamento de sangue pelo corte sacrificial. Visão estreita, fetichista do sagrado e uma doutrina reducionista da sabedoria dos espíritos e dos mecanismos da mediunidade, que demonstra dependência psicológica dos médiuns, dirigentes e de certa categoria de espíritos do lado de cá que vivem na crosta e precisam se alimentar fluidicamente para não enfraquecerem: as vísceras dos animais mortos são oferecidas aos santos e o restante dos cadáveres movimentam, despedaçados, os cozidos em favor daqueles que os ofertam, num processo de troca fluídica que nunca termina.

Quanto aos espíritos que são dependentes e escravos dessas trocas energéticas sanguinolentas, declaramos que são dignos de nosso amor, amparo e esclarecimento dentro de nossas possibilidades de socorro. Em verdade, os grandes responsáveis são os vivos da crosta, que seguidamente procuram as facilidades dos trabalhos mágicos com o Além, alimentando o submundo astralino e "escravizando" perpetuamente muitos espíritos na viciação do plasma sanguíneo oferecido.

Cantemos a força que dá vida,
Meu filho, cantemos o hino da Umbanda:
Refletiu a Luz Divina
Com todo o seu esplendor.
Vem do Reino de Oxalá,
Onde há paz e amor.
Luz que refletiu na terra,
Luz que refletiu no mar,
Luz que vem lá de Aruanda
Para tudo iluminar.
Umbanda é paz e amor.
É um mundo cheio de luz.
É força que nos dá vida
E à grandeza nos conduz.
Avante, filhos de fé,
Como a nossa Lei não há,
Levando ao mundo inteiro
A bandeira de Oxalá.

PERGUNTA: O que é um ebó?

PAI TOMÉ: Ebó é o ato de se fazer uma oferenda a uma "divindade" ou entidade espiritual. É um ato mágico-religioso que se utiliza das forças naturais existentes nos animais, vegetais, minerais, nas comidas e bebidas, encontrando, assim, o fornecimento de fluidos para serem direcionados a um determinado fim. Pode ser realizado para agradecimento, apaziguamento de contendas e limpezas energéticas. Infelizmente, os ebós, na atualidade, são ritos degenerados feitos com animais sacrificados, e não dispensam o sangue.

PERGUNTA: Pode nos elucidar sobre o que acontece num tipo de "ebó" degenerado?

PAI TOMÉ: Meu amado filho, a palavra ebó significa sacrifício. Devemos entender isso de uma forma ampla, e não somente o que requer sangue. Na teogonia dos antigos africanos, as liturgias e rituais com ebó tinham como finalidade reordenar e corrigir o estado de desequilíbrio do ser. Todo o conflito, na cosmogonia iorubá, podia ser resolvido eventualmente por meio de uma oferenda. O ato sacrificial com fé – tornar a religar com o sagrado – era responsável pela própria manutenção do equilíbrio das criaturas e lhes dava a tranquilidade para viver e ser felizes em suas atribulações diárias nas tribos primevas da velha África. No mais das vezes, era um verdadeiro *sacrifício* a doação de uma ave ou um animal caçado para agradar aos deuses, o que poderia significar menos comida no estômago por um razoável número de dias. Ocorre que houve uma *degeneração* desses ritos, pois hoje é impensável, desde o advento de Jesus, ainda se oferecer um animal aos deuses para que o ser humano não sofra. As oferendas não livram o espírito encarnado de suas provações cármicas, e, se o contrário fosse verdadeiro, sacerdotes que fazem ebó não morreriam de câncer ou doenças congênitas; bastaria que sacrificassem um animal aos deuses, conforme orientação do oráculo no jogo divinatório, assim como acontecia com os fariseus à época do meigo Rabi. Tal feito é uma falácia à luz do tratado cósmico, o Evangelho de Jesus.

Não por acaso, os líderes sacerdotais que mataram animais durante a vida sofrem de depressão e têm muito medo de morrer, pois, no fundo de suas almas infectas de sangue, a sineta da consciência reverbera, antecipando-lhes as distorções que realizaram e das quais terão de prestar contas, pois não podem alegar frente aos Tribunais Divinos desconhecimento das Leis Universais pelos seus atos degenerados.

Em certo tipo de ebó degenerado, o animal a ser sacrificado é colocado no chão, em pé, à frente dos assentamentos vibratórios da divindade cultuada. O pescoço é cortado com uma faca afiada que só é utilizada para isso. Há casos em que o animal é amarrado pelas patas e pelo pescoço, sendo esticado ao máximo. O sacerdote responsável pelo corte ritual se coloca com um facão em mãos e, com um único golpe, separa a cabeça do animal do seu corpo. O sangue jorra nos assentamentos "sagrados" e cai espargido em golfadas quentes pelo chão. O sacerdote pisa no chão vermelho molhado e morno, dançando animado ao redor, ao som dos tambores, entre ladainhas, rezas e invocações, segredos aos não iniciados. Importa aos participantes a alegria pela cabeça do cabrito ter sido separada por um único e certeiro golpe, sinal de que a divindade aceitou a oferenda, e todos ficam felizes. Lamentavelmente, essa breve descrição não é uma narrativa ficcional e ocorre diariamente no solo verde-amarelo de sua pátria, que se torna vermelho.

Observações do médium

Transcritas abaixo estão as instruções de Ramatís sobre a degeneração da magia africana que constam no livro *Magia de redenção*, capítulo "Os Males do Vampirismo", de Hercílio Maes:

"Os "babalaôs" e africanos autênticos que manejavam facilmente as forças ocultas e produziam fenômenos incomuns, surpreendendo os frequentadores de terreiros, depois de desencarnados foram substituídos por crioulos, mulatos e brancos incipientes, os quais ainda confundem as práticas severas da magia africana com as fantasias ridículas do animismo mediúnico descontrolado. Assim como a astrologia enxovalha-se nas mãos dos neófitos pela confecção ridícula de horóscopos em massa e a domicílio, tão precários como a 'buena dicha' das ciganas, a velha magia africana avilta-se entre os terreiristas principiantes, que se mostram incapazes de dinamizar o duplo etérico das coisas e seres, fazendo-os vibrar potencialmente no mundo astralino. Comumente, a magia castiça e autêntica do africano hoje não passa de uma colcha de retalhos costurada pelos fragmentos do folclore 'afro-católico-ameríndio', ainda abastardada com a infiltração intrusa de práticas do ocultismo oriental. A magia africana operava no ambiente do mundo material, mas recrudesce em sua força e amplitude no mundo astralino, ante o fornecimento indiscriminado de sangue vertido nos morticínios em massa, de animais e aves, nos frigoríficos modernos, e pelos homens esfrangalhados pelas superbombas nos campos de batalha das guerras sangrentas. Enquanto existir sangue à disposição dos vampiros do Além, a obsessão, o feitiço, a tragédia, a desventura e a doença ainda serão patrimônios cármicos da humanidade terrícola. As plantas daninhas e nefastas só desaparecem dos jardins bem-cuidados, onde falta o adubo seivoso, que lhes dá a vida no solo. Afora os 'candomblés' e outros gêneros de trabalhos mediúnicos que ainda conservam autenticidade nas suas práticas de enfeitiçamentos, demandas ou desmanches originários da tradição africana, a bruxaria por meio de objetos e seres tende a enfraquecer-se, por faltar-lhe a dinâmica ativada pelos velhos babalaôs e 'pais de santo' já desencarnados. Os seus substitutos não estão à altura da responsabilidade assumida, pois são poucos os que entendem de magia africana. Alguns chefes de terreiro, graduados à última hora, após um breve contato com os pretos velhos, bugres e caboclos, julgam-se capacitados para exercer a difícil tarefa de 'babalaô' ou pai de santo. À medida que a ciência avança aí no mundo material, logrando realizações incomuns, os feiticeiros, no Espaço, também descobrem novos recursos e meios eficientes para prosseguir na prática de enfeitiçamento, independentemente de objetos catalisadores ou projetadores de maus fluidos."

Crônicas de um eterno aprendiz do Evangelho
por Norberto Peixoto

Curas à distância

Há casos específicos em que a "cura" meramente no corpo físico, reduzida a um fenômeno de recomposição de tecidos mórbidos, como os tumores, por exemplo, não valida a cura profunda, no espírito, e não depende necessariamente da fé do enfermo para ocorrer.

Certa vez, presenciei o caso de um menino de dez anos que teve um grave tumor na cabeça "milagrosamente" desmaterializado; seu tecido cerebral foi recomposto e ele ficou saudável novamente, para espanto dos médicos. A criança não sabia o que era ter fé, mas, por intercessão de um guia no plano astral com outorga perante as Leis Divinas, a extirpação da metástase serviu para o despertamento da fé nos familiares, uma vez que o paciente estava desenganado pela medicina terrena. A partir de então, a família, materialista, voltou-se fervorosamente para as questões do espírito.

Esse é o fato verdadeiro em que a fé do paciente não foi essencial para a obtenção de um fenômeno físico isolado. Todavia, foi determinante a nova fé plantada no coração dos parentes, que germinou numa melhora geral e, ao mesmo tempo, para que conquistassem merecimento, alcançando possivelmente até a cura profunda nos espíritos deles mesmos, pela mudança dos comportamentos equivocados por condutas evangelizadoras, ao serem tocados pela fé – "tua fé te curou", sentenciava Jesus – diante do fenômeno "milagroso". Foi um caso típico em que o coletivo é maior que o individual e justifica a intercessão de uma instância deliberativa superior do plano espiritual.

Lembremos ainda do elucidativo episódio do centurião romano que intercedeu por seu escravo, pedindo a Jesus para curá-lo:

"Tendo Jesus entrado em Cafarnaum, chegou-se a Ele um centurião e rogou-Lhe: 'Senhor, o meu criado jaz em casa paralítico, padecendo horrivelmente'. Disse-lhe: 'Eu irei curá-lo'. Mas o centurião respondeu: 'Senhor, eu não sou digno de que entres em minha casa; mas dize somente uma palavra e o meu criado há de sarar. Porque também eu sou homem de autoridade e tenho soldados às minhas ordens, e digo a um: 'Vai ali', e ele vai; a outro: 'Vem cá', e ele vem; e ao meu servo: 'Faze isto', e ele o faz'. Jesus, ouvindo isso, admirou-se e disse aos que o acompanhavam: 'Em verdade vos afirmo que nem mesmo em Israel encontrei tamanha fé. E digo-vos que muitos virão do Oriente e do Ocidente, e hão de sentar-se com Abraão, Isaac e Jacó no Reino dos Céus; mas os filhos deste reino serão lançados nas trevas exteriores; ali haverá choro e ranger de dentes'. Então disse Jesus ao centurião: 'Vai, e como creste assim te seja feito'. E naquela mesma hora sarou o criado." (Mateus, 7: 5-13)

Jesus responde dizendo que iria com ele em socorro ao doente, mas o centurião roga ao Mestre que determine a um de seus prepostos que aja em Seu lugar e o cure, pois tinha autoridade para isso. E assim fez Jesus, que tinha sob suas "ordens" uma legião de anjos; determinou a um deles que socorresse o necessitado.

Provavelmente o doente nem sabia que por ele era pedido algo, não ficando clara a questão da fé no texto do evangelista; fé que até então só quem demonstrara fora o centurião ("Vai, e como creste assim te seja feito"), conforme enunciou Jesus. A fé é fruto da inteligência, e o centurião tinha conhecimento dos fatos.

O Evangelho renova-se sempre à nossa interpretação e se faz infinito em renovar-nos o espírito para o entendimento da Leis do Pai, do Seu Reino de amor.

Paz, saúde, força e união!

A primeira materialização de Jesus

É emblemática a primeira materialização de Jesus após o Calvário. Qual o motivo de Ele se mostrar primeiro para Maria de Madalena, uma "proscrita" do judaísmo? Sabemos que ela foi potente médium curadora e de efeitos físicos. A aparição de dois anjos que falaram com ela dentro do sepulcro de Jesus é notoriamente um efeito de ectoplasmia, e temos extensos relatos desses "fantasmas" envoltos em véus brancos na literatura espírita. Cremos que o ectoplasma e, principalmente, o amor de Maria de Madalena por Jesus foram fatores importantíssimos nessa primeira materialização, ainda frágil, pois Jesus não podia ser tocado, conforme suas palavras: "Não me toques, porque ainda não subi ao Pai". Todavia, embora ainda não houvesse ascendido (adentrado o plano espiritual superior), diante de todos os discípulos reunidos, disse a Tomé:

"Chega aqui o teu dedo, e vê as minhas mãos; chega a tua mão, e coloca-a no meu lado; e não mais sejas incrédulo, mas crente. Porque me viste, Tomé, creste? Bem-aventurados os que não viram e creram."

E nós, precisamos ver e tocar para crer?

Necessitamos dos fenômenos externos para ter fé?

Tende ânimo, sou Eu, não temais!

No final do ano de 2012 houve uma enxurrada de *sites, blogs,* textos, canalizações, vídeos tratando do fim do mundo equivocadamente, por uma interpretação errada do calendário maia.

Certa noite, após a minha leitura habitual do Evangelho e meditação, me veio um pensamento antes de deitar-me, para conciliar o sono físico: "Homem de pouca fé, por que tens medo e duvidaste?". Lembrei-me daquela parte do Evangelho em que Jesus admoestou Pedro por sua pouca fé durante a tempestade em que o Mestre "acalmou" os elementos da natureza e acudiu os discípulos açoitados pelas ondas revoltas.

No meio da madrugada, houve uma forte tempestade em Porto Alegre, com intensa ventania. Vi-me desdobrado no quarto, conduzido mentalmente por um mentor espiritual. Em frente ao meu roupeiro, uma entidade em deplorável estado, com olhos fixos na janela, apontava o dedo e dizia:

– Viu, é o fim do mundo! A tempestade fatídica está chegando. Salvemo-nos!

O espírito, fascinado, batia com as mãos perispirituais no meu roupeiro, tentando abrir a porta para se esconder. Causava um efeito físico com o som das "unhas" friccionando a madeira do móvel, mas, por sua alta densidade, não conseguia transpassá-la. Senti uma angústia enorme e um medo terrível. Nesse momento, o mentor que me guiava disse que esses sentimentos eram da coletividade, e que eu devia ter fé.

Ato contínuo, a parede do meu quarto "sumiu" e, do outro lado, uma linda praia se "materializou", com um sol esplêndido um mar azul indescritível. Então, o mentor convidou-nos a sair e a passear nas areias brancas. Falei ao espírito atemorizado:

– Vamos passear, meu irmão! Nada tema, viu como está lindo o dia? A tempestade acabou.

Andamos pela pequena praia; ao final, chegamos a uma espécie de elevação que tinha ao alto uma casa antiga, com uma mata verdejante em volta. Sentimos um oculto e irresistível convite e fomos ao seu encontro. Na sala, se encontrava uma mesa posta com pratos e talheres antigos. Uma vovó negra de cabelos brancos, rechonchuda e calma, mostrou-se com um vestido de rendas em cores suaves, e disse, com uma voz maternal:

– Meus filhos amados, eu os esperava. Não tenham medo, pois as tempestades, durante a travessia do barco da vida entre os planos de existência, irão ocorrer inevitavelmente. O planeta ainda é primário, e Jesus nos ensina que as forças instintivas da natureza não são para nos atemorizar. Acima de tudo, paira o espírito, açoitado não pelas ondas dos mares, e sim pelos desvarios internos causados pela falta de fé. Os homens duvidam, e a disponibilidade de tantos conhecimentos nos meios externos, pelo despreparo evangélico interno, acaba sendo instrumento das Sombras para perturbá-los. Todavia, Jesus permanece em vigília no leme do barquinho, nosso planeta, e continua a nos instruir: "Tende ânimo, sou Eu, não temais". Vamos, meus filhos, alimentem-se desse frugal banquete preparado com amor. Do lado de cá, em minha humilde choupana, a mesa sempre está posta, com água para os sedentos e pão para os famintos.

Na mesa, havia uma tina com um caldo quente delicioso. Após tomarmos aquele líquido, verifiquei que o amigo apavorado não mais se vestia como um cabalista desgrenhado, um tipo de astrônomo medieval hipnotizado, mas se apresentava com uma veste simples, azul celeste, os cabelos aparados, as olheiras tinham sumido e ele estava mais revitalizado e corado. A amorosa vovó nos serviu um alimento "sólido" que não consegui definir, mas que era igualmente delicioso.

Disse-nos a venerável anciã:

– Meus filhos, o sabor do alimento que ingerem é de acordo com a preferência de cada comensal, assim como o Evangelho nos sacia segundo a capacidade de assimilação de cada um de nós. Sejam sempre bem-vindos à casa de Vovó Redonda. Voltem sempre que quiserem, pois cá estou a serviço do Divino Mestre para atender os que me batem à porta. Vão, passeiem na praia, pois os dias aqui neste plano de vida são lindos e imutáveis, e o Sol brilha portentoso para vos esquentar os passos na caminhada entre um lado e outro da travessia reencarnatória.

Aqui cabe uma breve elucidação para o leitor. Vovó Redonda é uma entidade veneranda, preta velha amorosa que atua na vibração de Iemanjá. É responsável por um agrupamento de espíritos médicos, enfermeiros e psicólogos do Astral que atendem os sofredores enquanto eles aguardam o deslocamento definitivo para as colônias espirituais a que serão destinados. Ela dirige uma estação intermediária na crosta, um tipo de corredor de passagem para o outro plano de existência. Os espíritos socorridos ficam um determinado tempo em acolhimento, sob sua direção, a fim de que tenham um pouco de harmonia e paz antes de serem definitivamente transferidos para o plano astral. Infelizmente, muitos deles não têm condição mental e preparo emocional para suportar de imediato o fato de que "morreram", e, assim, são transportados como se fossem dar um passeio em lindas embarcações à beira-mar. Dormem suavemente e despertam na verdadeira pátria, o mundo dos espíritos, conforme o merecimento de cada um e em similitude vibratória que os perispíritos possam suportar, mantendo-se com integridade nessas novas faixas vibracionais. Ou seja, é a densidade magnética de cada perispírito que determina para onde serão alocados nas regiões astralinas. Por isso, permanecem sob os auspícios de Vovó Redonda somente os que têm condição de serem socorridos e de "suportarem" as colônias espirituais, mesmo que fiquem nas estações mais baixas do umbral, mantidas pelos mentores. Ocorre que muitos desencarnados estão tão presos à matéria que não conseguem ficar nessas colônias e voltam a perambular pela crosta, como se "vivos" estivessem. Com tristeza, Vovó Redonda nos esclarece que só conseguem ficar com sua equipe realmente os que têm merecimento e condição vibratória, sendo que a maioria prefere perambular, perdida, entre os encarnados, vampirizando fluidos animalizados das sensações, como se ainda estivessem animando um corpo físico.

Então, atendendo ao conselho de Vovó Redonda, eu e o amigo fomos para a praia caminhar. Uma cena inesquecível. Então escutei uma "voz" no meio da minha cabeça: "É hora de voltar..."

Vi o espírito socorrido com mais uma miríade de entidades, um agrupamento enorme voltado para o mar, e, por detrás das pequenas e calmantes ondas esmeraldinas, uma imagem plasmada de Jesus com os braços abertos, sorridente e com o semblante suave, que disse:

– Tende ânimo, sou Eu, não temais!

Retornei ao corpo físico e acordei na minha cama. Eram três horas da madrugada. Compreendi que aquele agrupamento de espíritos "cabalistas astrônomos" era atemorizado pelo medo do fim do mundo, pela leitura equivocada das escrituras proféticas e pela exaltação do catastrofismo externo, em detrimento da fé interna nas vidas sucessivas. Serviam de marionetes na mão de poderosas mentes das Sombras planetárias que habitam os subníveis trevosos umbralinos e se alimentam das comoções e dos pavores coletivos para causar todo tipo de fascinação possível. Desse modo, roubam o ectoplasma dos médiuns e sensitivos incautos que se deixam deslumbrar.

Muita paz, saúde, força e união!

Somos bons pastores?

"E já era a terceira vez que Jesus se manifestava aos seus discípulos, depois de ter ressuscitado dentre os mortos. E, depois de terem jantado, disse Jesus a Simão Pedro: "Simão, filho de Jonas, amas-me mais do que estes?" E ele respondeu: "Sim, Senhor, tu sabes que te amo". Disse-lhe:

"Apascenta as minhas ovelhas." Tornou a dizer-lhe pela segunda vez: "Simão, filho de Jonas, amas-me?" Disse-lhe: "Sim, Senhor, tu sabes que te amo". Disse-lhe: "Apascenta as minhas ovelhas". Disse-lhe a terceira vez: "Simão, filho de Jonas, amas-me?" Simão entristeceu-se por lhe ter dito terceira vez: "Amas-me?" E disse-lhe: "Senhor, tu sabes tudo; tu sabes que eu te amo." Jesus disse-lhe: "Apascenta as minhas ovelhas."

Na verdade, na verdade te digo que, quando eras mais moço, te cingias a ti mesmo, e andavas por onde querias; mas, quando já fores velho, estenderás as tuas mãos, e outro te cingirá, e te levará para onde tu não queiras. E disse isto, significando com que morte havia ele de glorificar a Deus. E, dito isto, disse-lhe: "Segue-me." (João, 21:14-19)

Em frente à casa em que moro, há uma grade que foi completamente coberta por uma roseira. É uma espécie trepadeira. Quase todo ano ela floresce. Pétalas de rosas vermelhas caídas no chão saúdam-nos ao entrarmos e sairmos pelo portão, como a nos dizer que bênçãos divinas plasmaram a natureza para homenagear a humanidade em seus passos evolutivos no planeta.

Quantos podem estar isolados neste momento, aguardando o final do mundo em locais da natureza, nas altitudes de montanhas, serras e nas encostas da Mata Atlântica, locais altos, acima do nível do mar, com estoques de alimentos para fugir dos rumores no meio espiritualista da Nova Era de "iminentes" calamidades geológicas?

Almas do mundo em aturdimento esquecem a evocação da vitória da vida sobre a morte exemplificada em Jesus e, como "Pedros" vivenciando a prisão do Mestre antes do calvário, negam-no (e ao seu Evangelho), fugindo assustadas até que o "galo" cante e desperte o discernimento adormecido, fazendo-as acordar do medo hipnotizador.

Esse mesmo Jesus, ressurrecto, perguntou a Pedro por três vezes, o nascituro apóstolo da Boa Nova, se ele o amava, e, diante da resposta afirmativa do discípulo arrependido, disse:

– Simão, apascenta minhas ovelhas!

Jesus admoestou Pedro por três vezes seguidas sobre seu amor, o mesmo número de vezes que ele o negou. Quantas vezes Jesus terá de nos perguntar se o amamos? Quantas vezes o negaremos?

Nós, que somos médiuns com Jesus, quando nos movemos pelo medo, negamos o Divino Mestre; isolando-nos para nos salvar das catástrofes imaginadas, agimos como discípulos perturbados na antiga Palestina.

Sobre esses temores de catástrofes apocalípticas das coletividades humanas "espiritualizadas", um amigo dedicado do lado de lá, o prestimoso Exu Tiriri Rei das Encruzilhadas, recentemente assoprou-me aos ouvidos perispirituais:

"Hordas de espíritos aturdidos paralisam-se, compondo a malta alucinante, hipnotizada por imensa egrégora*, coletivo arquitetado pela sincronicidade de reações medrosas. Mentes das Sombras atuantes na subcrosta, inditosas, movidas pela ganância e sordidez derrotista frente ao Evangelho de Jesus, "casualmente" planejaram os boatos de adventos calamitosos no planeta, convergindo numa data às vésperas do aniversário de nascimento do Divino Avatar, dando risadas pelo escárnio momentâneo à futura e vitoriosa humanidade cristificada."

Esse amigo mais velho, Senhor Exu Tiriri Rei das Encruzilhadas, tem esse nome simbólico no movimento de Umbanda porque atua liderando uma legião de sentinelas que guarnecem

---

* Egrégora, ou egrégoro para outros, do grego egrêgorein, velar, vigiar, é como se denomina a entidade artificial (forma-pensamento) criada a partir da mentalização coletiva de uma assembleia, ou seja, é um campo de energia criado no plano astral a partir da energia emitida por um grupo de pessoas por meio dos padrões mentais e emocionais. Segundo as doutrinas que aceitam a existência das egrégoras, elas estão presentes em todas as coletividades, seja nas mais simples associações ou mesmo nas assembleias religiosas, geradas pelo somatório de energias físicas, emocionais e mentais de duas ou mais pessoas quando estas se reúnem com qualquer finalidade. Assim, todos os agrupamentos humanos possuem suas egrégoras características: empresas, clubes, igrejas, famílias, partidos etc., em que as energias dos indivíduos se unem formando uma entidade (forma astro-mental) autônoma e poderosa, capaz de realizar no mundo visível as aspirações transmitidas ao mundo invisível pela coletividade geradora.

os entrecruzamentos vibratórios correspondentes aos subplanos umbralinos, aplicando a Lei de Justiça Cósmica conforme o Evangelho. Espírito preparado, obteve outorga dos Maiorais do Astral superior para desenvolver as atuais tarefas de auxílio nas remoções que estão ocorrendo no umbral. Terminou sua última encarnação na Holanda da Idade Média, fugido da terrível Inquisição espanhola, morando numa vasta gleba de terra, feliz, plantando tulipas, estudando alquimia, cabala e magia, mantendo uma pequena e unida confraria iniciática.

Enquanto escrevia este breve toque consciencial desse irmão mais velho da Espiritualidade, em clarividência vi uma espécie de salão medieval, um tipo de *bunker*, local astralino em que uma entidade principesca, altiva e poderosa, dominadora e inteligente, usando uma máscara, sentada num trono, ria copiosamente dos "aparvalhados" da superfície, como se estivesse numa festa animada por bobos da corte (os habitantes fascinados da crosta):

– A coisa lá "embaixo" é mais séria do que a maioria pensa neste momento de exílio e transição planetária, ocasião em que muitos entram em processo de fascinação*.

Concluindo o tema, insistimos que os verdadeiros discípulos de Jesus, médiuns apóstolos do Evangelho, são destemidos, esperançosos e porta-vozes da paz – agem sem medo e com fé inabalável.

Sou o "Pedro" que negou Jesus, amedrontado pelos esbirros romanos, ou sou como o "Pedro" que afirmou três vezes seu amor diante do Mestre materializado?

---

* Visivelmente, o processo de fascinação coletivo é intenso neste momento. Com o advento da internet e das redes sociais, potencializa-se a comunicação entre as massas. Quando um místico qualquer, sensitivo canalizador de "ETs" ou líder de seitas religiosas fundamentalistas vem a público pelo Facebook, com milhares de seguidores, conclamar ao agendamento de resgates pelos OVNIS ou, o que é terrível, combinar suicídios coletivos para "escapar" do "fim do mundo", como está acontecendo de fato agora, percebemos claramente os focos de sintomas irradiadores, que são antenas e vozes das mentes das Sombras a que o Senhor Exu Tiriri se referiu e que alimentam essa nefasta e gigantesca egrégora de medo.

Com nosso comportamento dualista, quantas vezes Jesus terá de nos provar a vitória da vida sobre a morte?

Seremos bons pastores, como Pedro foi?

Apaziguemos as ovelhas desgarradas do Evangelho do Cristo.

Tenhamos fé, o Pai tudo sabe e nos ampara sempre!

Muita paz, saúde, força e união.

A egrégora – padrões mentais e emocionais induzidos

Jesus lhes respondeu: "Destruí este santuário, e em três dias o reconstruirei". Replicaram os judeus: "Em quarenta e seis anos foi edificado este santuário, e tu, em três dias, o levantarás?" (João, 2:19-21)

Basicamente, egrégora é como se denomina a "entidade" criada a partir do pensamento coletivo de uma assembleia, ou seja, é um campo energético criado no plano astral a partir da energia emitida por um grupo de pessoas por meio de seus padrões mentais e emocionais. Esses padrões podem ser induzidos por espíritos inteligentes, mistificadores, pouco evangelizados, com o objetivo de causar confusão, discórdia, atrapalhação, dispersando as atenções do objetivo que eles almejam ofuscar, como, por exemplo, o que ocorreu no dia 21 de dezembro de 2012, momento em que praticamente não se falava em Jesus, nos ensinamentos, em razão dos apelos externos salvacionistas que se multiplicavam nos diversos tipos de mídia virtual. A gênese da formação dessa "monstruosa" aglutinação de pensamentos parasitas, o pano de fundo que fez com que isso fosse criado e se fortalecesse é o instinto de sobrevivência egoísta exaltado pelo medo da morte, conforme nos orienta Ramatís.

O Mestre "reconstruiu" seu santuário (seu corpo perispiritual) três dias após o calvário na cruz. Por meio de uma aglutinação de ectoplasma, materializou-se aos discípulos incrédulos. Enquanto as criaturas humanas, preocupadas com a existência e manutenção de suas vidas, não compreenderem "Jesus ressurrecto" para muito além do homem crucificado, aspecto da sua vitória sobre a vida carnal que as religiões de massas estão falhando em consolidar, fraqueja a fé das criaturas, dado que não sedimentaram em si a religiosidade, pela crença absoluta em dogmas infantis.

Os homens, pouco religiosos e quase nada espiritualizados, procuram instintivamente um apoio externo nos momentos de medo, em que julgam que suas vidas estão ameaçadas. Assim, com o medo e o egoísmo exaltados, prendem-se as mentes às pompas externas, fincam pé literalmente ao "pé das letras" sagradas, instalando-se o fanatismo por fenômenos externos pela falta de segurança interna, mesmo que fontes científicas sérias digam o contrário do que eles creem como verdade absoluta.

Os mentores espirituais que zelam pela humanidade instruem, nos mais diversos compêndios, que, conforme determina a ética sideral de evolução das consciências, não devemos nos antecipar aos ditames geofísicos, astrofísicos e astronômicos, nem ao mérito das soluções científicas comprovadas pelos pesquisadores acadêmicos.

Novas seitas, videntes, médiuns poderosos surgem e criam sub-religiões fundamentalistas e etnocêntricas, pois não aceitam ser questionados e estão cegos para avaliar outras verdades. E aí fogem para sobreviver, fascinados com as mensagens definitivas sob a alcunha de uma "data fictícia", guiando-se pelas visões de místicos da Nova Era. Não foi diferente na época de Jesus, pois aqueles homens primários, nublados pelo convencionalismo de uma religião definitiva, aguardavam ansiosos os anjos descerem dos Céus para libertarem-nos do jugo de seus adversários.

O caminho da evolução é inexorável em todo o Cosmo abundante de vida. Não faltam moradas espirituais e oportunidades para experienciarmos em nós o que nos é ausente, para amarmos mais uns aos outros.

Muita paz, saúde, força e união!

O enredo de Pedrinho da Praia – uma criança de Ogum no reino de Iemanjá

Ele nasceu mestiço, logo após a decretação da Lei Áurea. Filho bastardo de um português rico, importador de bacalhau bem-sucedido que se estabelecera no Rio de Janeiro. Sua mãe, uma negra filha de africanos que vieram para o Brasil escravizados, nasceu na senzala. Exímia cozinheira, trabalhava para o português atacadista e aprendeu com uma lusitana mais velha a arte culinária e dos temperos de além-mar. Logo fazia saborosos quitutes de peixes e bacalhoadas que deixavam o patrão em deleite gustativo e com lascívia ao olhar suas curvas voluptuosas. Não tardou, era amante do português e se "descuidou", ficando grávida. Para ninguém suspeitar, mandaram-na para o interior do Rio a pretexto de cuidar da mãe, adoentada e senil. O menino foi entregue ao negro Tibúrcio, mais conhecido como mestre Tibuca, exímio pescador e capoeirista cujos pais tinham sido nagôs, sendo ele iniciado nas artes divinatórias dos Orixás por sua mãe, ialorixá fundadora dos primeiros candomblés baianos.

Mestre Tibuca era líder de uma comunidade de pescadores nas areias de Copacabana. Quando não estava no mar pescando, se encontrava nas areias ensinando a fazer redes ou com seus aprendizes a lutar capoeira ao som dos atabaques e berimbaus. À noite, jogava búzios em sua choupana, e uma vez por semana comandava um xirê (toque, canto e danças) para os Orixás num barracão no alto da mata que dava de frente para o mar. Mestre Tibuca era muito respeitado por seu caráter justo, conhecimento do mar, da capoeira e da magia com os Orixás. Muitos comerciantes abastados do porto aduaneiro do centro da cidade iam até ele para contratar seus serviços divinatórios e pedir axé aos Orixás.

Assim lhe foi entregue o rebento mulatinho, filho da negra cozinheira com o português bacalhoeiro rico, seu principal cliente.

Foi-lhe prometida uma gorda pensão mensal até o menino se tornar um homem feito. Pai Tibúrcio de Oyá, como era conhecido na comunidade iniciática dos negros "macumbeiros" da época, jogou os búzios e viu que o menino era esperado pelos Orixás. Deveria ser preparado em todas as artes mágicas, pois viria a ser o futuro sucessor de Pai Tibúrcio como babalaô sob a égide da grande mãe das águas, Iemanjá, que era "dona" do Ori (alto da cabeça) do menino. A partir de então, ele passou a se chamar Olimar, aquele que viveria de frente para o mar.

O mulato Olimar cresceu aprendendo rápido tudo que Pai Tibúrcio lhe ensinava. Tornou-se um estupendo lutador de capoeira, com agilidade impressionante nas pernas. Era conhecido como Pé Grande. Um caboclão que media mais de 1,90m, fortíssimo, ágil pescador. Somente seu pai adotivo conseguia impor-lhe limites, pois todos o temiam pela força física e destreza ao adentrar o mar, vencendo as ondas.

Os anos se passaram generosamente, sem maiores preocupações. Pai Tibúrcio, já velho, um dia chamou a todos da comunidade e disse que era chegada a hora de partir e que não demoraria sete luas para seu retorno ao mundo dos Orixás. Seu sucessor era seu filho do coração, o mulato Olimar. Todavia, ele só seria plenamente um babalaô, dominando integralmente a arte divinatória ancestral, após um período probatório de sete anos, uma espécie de batismo de fogo, conforme indicavam os búzios, comunicando a vontade das divindades, especialmente Iemanjá, sua regente. Esse tempo seria necessário para ele comprovar na prática a humildade requerida para ser um sacerdote de verdade frente à comunidade religiosa, dominando seu temperamento altivo diante das provações por que passaria. Durante esse período septenário, a qualquer momento os Orixás poderiam interromper seu sacerdócio.

Passados sete dias, Pai Tibúrcio desencarnou dormindo. Após o período de encomenda do espírito e resguardo da comunidade, conforme os preceitos nagôs, assumiu o comando espiritual do barracão Pai Olimar de Iemanjá. Em curto espaço de tempo, todos já tinham esquecido da recomendação de sete anos de provação, notadamente Olimar. Ele já estava envolvido com mulheres casadas, cobrava altos valores por trabalhos de magia, batia com violência extrema em todos que o enfrentavam nas rodas de capoeira, se gabava de sua força e poder com a magia, pois sua "macumba" era forte, e se vangloriava aos ventos por ser o melhor pescador de todos. Nem bem tinham passado três anos, era temido, assustava com sua força física, soberba e empáfia, já que não escutava ninguém.

Certo dia, quando o barracão fazia os preceitos para a festa anual de Oyá, Orixá dono do axé da casa, tendo seus fundamentos sido feitos pela africana mãe de Pai Tibúrcio, na época ainda viva, Olimar resolveu entrar no mar para pescar, mesmo sabendo que era proibido pela "lei do santo", dado que, nas festividades de aniversário, ele, como filho de Iemanjá e do seu axé, não podia entrar no mar, pescar ou comer qualquer tipo de peixe fora do barracão, uma espécie de interdição e delimitação de espaço, pois seu Orixá estaria sendo cultuado e homenageado junto com os demais dentro do barracão. Ele devia respeitar seu espaço sagrado, ponto de força na natureza; no caso, o mar e tudo que dele provinha. Em verdade, ele deveria ficar em resguardo, preparando as obrigações e seus elementos rituais. Mas Olimar era teimoso, orgulhoso, não aceitou a interdição dos mais velhos e resolveu ir pescar. Olhando o mar naquele dia claro, ensolarado e sem vento, desafiou-o e escarneceu dizendo que voltaria com a rede cheia, que Iemanjá não o desampararia.

Realmente, entrou no mar e jogou a rede. Nunca havia pego tantos e tão belos peixes. Suava para puxar a rede e atirá-la ao mar. Já estava quase no fim quando, repentinamente, algo puxou a rede com muita força para o fundo; seu pé esquerdo, por sinal enorme – não por acaso era chamado de Pé Grande –, ficou misteriosamente enroscado na rede e ele caiu no mar. Nadou com todas as forças, mas a canoa ficava cada vez mais longe. Parecia que uma "baleia" estava enroscada na rede. Quanto mais ele nadava, mais pesada ela ficava. Extenuado, com um Sol causticante batendo-lhe na cabeça, que latejava e queimava como se estivesse pegando fogo, foi engolido pelo mar e puxado para baixo. Trancou a respiração por algum tempo, até que o pulmão não aguentou mais e se encheu de água. Em segundos, enxergou Pai Tibúrcio à sua frente, nas profundezas de um mar límpido, de um azul cristalino. Com uma auréola amarelo-dourada em volta da cabeça, Pai Tibúrcio lhe falou:

— Meu filho amado, Iemanjá te chamou de volta, ela que é dona do teu Ori, da tua mediunidade. É verdade que ela não te deixa desamparado; por isso ordenou tua volta. Não seguiste a tua programação reencarnatória. Como Iemanjá zela por ti, e para não caíres mais ainda, ela te entroniza no Reino mais uma vez. Estavas em período probatório, lembra, mas foste vencido pelo teu orgulho, ao invés de vencer pela modéstia. Mas não te aflijas; se te fizeste grande diante dos olhos dos teus companheiros da carne, terás que aprender a ser pequeno no lado de cá, pois o que importa é o tamanho da humildade e do amor no coração para os que estão junto contigo quando retornares para a matéria densa.

A canoa de Olimar voltou sem ele, cheia de peixes, como havia dito. Assim, o mulato retornou para as lides de Aruanda.

Hoje aprende a ser humilde, como um soldadinho de Ogum no Astral, uma "criança" (eré) atuando no reino de Iemanjá, à beira-mar, diante das ondas, auxiliando as falanges socorristas nas descargas energéticas e demandas astrais com a magia dos Orixás na sagrada Umbanda. Ele responde pelo nome de Pedrinho da Praia*, e seu ponto cantado, chorado, mais para um fado de saudade, diz:

---

* Enredo contado para o médium pela entidade Pedrinho da Praia, que, quando se manifesta, joga sal grosso em todo o terreiro. É um "cosminho" (ou erê) que se apresenta nas giras paramentado como um soldado da Idade Média. Diz que é pequeno perante os demais "Oguns" para domar o enorme orgulho de outrora. Está se fortalecendo para reencarnar como médium na Lei de Pemba, na sagrada Umbanda, e, quem sabe, não falhar novamente, como todos nós, encarnados, estamos sujeitos, a qualquer momento.

Tão grandes as pegadas na areia que eu deixei,
Tão distantes dos entes que amei,
Marei, marei, marei, marei,
Iemanjá é Orixá de lei.

Saudades Eternas?! No Reino de Omulu

Certo dia, por volta das 16 horas, estive visitando o cemité-
rio municipal São João, em Porto Alegre. Fui agradecer ao Orixá
Omulu em seu ponto de força vibrado por toda a proteção e cobertura espiritual que ele nos dá, enquanto zelador de uma corrente
mediúnica com giras de atendimento semanais na Umbanda. Esse
Orixá fundamenta nossa egrégora em todo o trabalho de desliga-
mento da matéria de espíritos desencarnados e, ao mesmo tempo,
protege os membros de nossa corrente, escoando as energias de-
letérias para a natureza, preservando saudáveis os duplos etéreos
dos médiuns. Ou seja, resíduos magísticos negativos voltam à mãe-
terra sob a égide de Omulu, renovando-se como tudo na natureza.

Ao caminhar dentro do campo santo, ao qual chamamos de
calunga, admirei os belos jazigos perpétuos, alguns de famílias emi-
nentes, fazendeiros, empresários, industriais, com enormes e portentosas estátuas de Jesus em bronze. Respeitosamente refleti que
transferimos para a morada de nossos restos mortais a ostentação
que temos com os bens da matéria: mármores importados, estátuas
de bronze, vidros de cristal, azulejos portugueses. Fiquei pensando
em quantas vezes já reencarnamos e em quantos jazigos espalhados
por cemitérios, em vários países do orbe, temos restos mortais que
serviram de meio para nossos espíritos viverem na carne. Já reencarnamos milhares de vezes, e os títulos acadêmicos, nomes familiares, cargos famosos, bens, riquezas são transitórios.

Mas, sem dúvida, o que mais me levou a meditar foram as
placas de "saudades eternas", colocadas junto às fotos dos parentes

que jazem além da sepultura. Olhando aqueles semblantes, senti a presença de Ramatís e me veio o seguinte recado em clariaudiência (pensamento sonoro no meio da cabeça):

"O sentimento de saudade é ocasionado quando estamos longe e ausentes de algo ou alguém que amamos. Então, uma saudade eterna é aquela gerada por alguém que nunca mais veremos ou com quem nunca mais estaremos juntos. Ocorre que encontraremos em breve nossos entes amados, do lado de cá da vida ou em futuras reencarnações. Em verdade, não existe uma saudade eterna em relação a entes amados, até porque eterno é aquilo que sempre existiu, no passado, no presente e no futuro, e se sempre existiu, nunca foi criado. Só Deus é eterno. Somos infinitos, espíritos imortais, criação do Incriado, o Pai-Mãe universal. Os espíritos, desde seu nascimento na maternidade do Cosmo, são infinitos. A partir do momento em que tiverem consciência de suas individualidades imorredouras, terão sucessivas e ininterruptas oportunidades de reencontrar entes amados e reconstruir a ponte de amor que os ligará novamente num mesmo plano de existência, sem ritos de separações momentâneas como são as mortes na materialidade ilusória."

Com muita paz no coração e sutilíssimas e amorosas vibrações me envolvendo o Ori, entre aqueles jazigos todos, agradeci a Omulu a oportunidade de transformação de minha consciência, fazendo aos poucos morrer o homem velho e gestando o novo, oportunizado pela mediunidade e por seu exercício ininterrupto junto aos sagrados Orixás e falangeiros na amada Umbanda.

Omulu aiê atotô
É um Orixá!
Pede que ele dá, atotô
Ele é Orixá!
Se ele corre os quatro cantos
Quatro cantos sem parar
Se ele corre os quatro cantos
É pra seus filhos ajudar!
Omulu aê atotô, ele é orixá! (4x)

Muita paz, saúde, força e união.

Na casa do leproso! Temos preferência pela forma de apresentação dos espíritos?

Ora estando Jesus em Betânia, em casa de Simão, o leproso.
(Mateus, 26:6)

Por meio de sua apurada clarividência, pelo chacra frontal completamente aberto, Jesus, um iogue avançado e avatar do amor, já sabia que se aproximava o momento supremo de seu derradeiro testemunho na cruz. Faltavam poucos dias para a Páscoa, quando Ele seria preso e entregue para o holocausto do corpo físico. Aquele que só pregou a fraternidade e o amor exemplificaria o perdão aos inimigos, como orar pelos caluniadores, e seguiria a missão, obediente aos desígnios do Altíssimo.

Os sacerdotes de Jerusalém se reuniram com o príncipe deles, Caifás, e confabularam, arquitetando como fariam Jesus morrer. Não houve fatalidade, pois se Jesus quisesse, poderia ter evitado o calvário. Ele tinha livre-arbítrio e era espírito livre, sem nenhum débito de vidas passadas, que se rebaixara sacrificialmente para reencarnar na Terra por amor à humanidade. Entretanto, seguiu o plano divino traçado a fim de beneficiar, por seu exemplo, todo o planeta.

No mesmo momento em que os sacerdotes judaicos, reunidos em alto clero, confabulavam, costurando o plano da morte do Messias, Ele calmamente hospedava-se na casa de um leproso de nome Simão, em Betânia. Mais um escândalo para os ortodoxos israelitas. Pela lei de Moisés, os leprosos eram impuros e proibidos de entrar nas sinagogas. Jesus pairava acima das convenções religiosas, sociais e morais da época, e nos dá mais uma profunda lição, digna de ser posta em prática por aqueles que verdadeiramente almejam se evangelizar.

Ninguém melhor do que Jesus conhecia a Lei de Causa e Efeito. Porém, Ele não julgava nenhum leproso, manco, cego, prostituta, publicano ou samaritano. Hoje, graças ao espiritismo, sabemos que os sofrimentos são justos. Se o espiritismo mostra a causa, somente o Evangelho interiorizado nos diz que é nosso dever ajudar os sofredores. Tristemente, hoje verificamos muitos racionalizarem o sofrimento alheio e não conseguirem ajudar ninguém, muito menos espíritos sofredores, pois isso requer incorporação mediúnica em trabalhos de desobsessão, algo "ultrapassado", descartado nestes tempos de Terra "regenerada".

De uma maneira geral, os espiritualistas da Nova Era são ávidos por novidades. Tudo que for cósmico e quântico, técnico, galáctico e ascensionado os atrai. A rotina "tediosa" dos passes e das tarefas que exigem passividade mediúnica vai sendo deixada de lado, pois são "coisas" ultrapassadas, "assistencialismo" dispensável que ficou para trás junto ao "superado" mundo de provas e expiações. Outros há que até reconstruções extrafísicas, em desdobramento apométrico, acham que estão fazendo, e a dor humana em nosso plano físico é desconhecida, bem como as mazelas atuais do planeta, cada vez mais poluído.

Em nossa sociedade imediatista e materialista, de quais leprosos queremos nos afastar e de quem nos aproximamos? Procuramos sempre estabelecer relacionamentos e amizades com pessoas de sucesso, influentes, poderosas, saudáveis e bonitas. Em nossos momentos de lazer, nos reunimos em ambientes assépticos, com temperatura amena pelo manejo dos condicionadores de ar, e olhamos, de nossos carros possantes e das vidraças do *shopping center*, o paralítico pedindo esmola, o mendigo esfomeado, a criança ranheta, e para todos fazemos caras de enfastiados e superiores, passando os dedos no nariz como se o odor alheio fosse inferior às emanações etéreas de nossos perispíritos chagados. Julgamos, explicando por que os outros sofrem – nada mais justo se for ladrão, assassino, esquartejador... –, e vamos cada vez mais nos afastando da simplicidade humilde e amorosa exemplificada por Jesus.

Em relação aos espíritos comunicantes ou trabalhadores do lado de lá pelo canal da mediunidade, priorizamos os seres de luz, perfeitos, e idealizamos entidades arianas, de tez branca, com olhos azulados nas faces ornadas por caracóis de cabelos louros. Num país amalgamado com diversas raças, será que o plano espiritual é como idealizamos? Nesta terra do pau-brasil, miscigenada entre negros, índios e brancos, é possível que os espíritos tenham formas preponderantemente judaico-cristãs, elaboradas no imaginário dos santos católicos?

Fica o convite à reflexão.

Quais os leprosos que evitamos, contrariando o exemplo do Mestre dos mestres?

O rosário dos pretos velhos

Meus pais foram trabalhadores ativos da Umbanda. Tenho uma lembrança na memória que me é marcante: eu em pé no berço, vendo minha mãe passar a saia branca para ir ao terreiro. Creio que tinha mais ou menos um ano de idade. Nunca me esqueci dessa cena.

Morando no Rio de Janeiro, no bairro da Pavuna, por volta dos sete anos, acometeu-me uma terrível urticária por todo o corpo. Mesmo tendo ido ao médico, passado pomada e tomado corticoides, não cedeu a incômoda descamação da pele, que se encontrava numa vermelhidão como se eu tivesse ficado ao sol de quarenta graus um dia inteiro. Nesse estado, sem dormir havia uns três dias, com intensa coceira por todo o corpo, inclusive dentro das bochechas, nas solas dos pés e palmas das mãos, fui levado ao centro de Umbanda em que meus pais trabalhavam e atendido pelo preto velho do chefe de terreiro, que benzia os consulentes com um rosário de "lágrimas de Nossa Senhora" sempre na mão direita.

A entidade disse aos meus pais que eu tinha compromisso nesta vida com os Orixás e que era necessário, urgentemente, ser feito um preceito para Omulu para que eu me curasse. Foi feito um banho de ervas de imediato e eu fui para casa, devendo retornar ao terreiro todos os dias, ao final da tarde, para tomar banho de ervas, por sete dias consecutivos. No terceiro dia eu não tinha mais nada, a vermelhidão cessara, a descamação era mínima e a pele já retornara à sua textura emoliente natural.

Após esse episódio, fui batizado na Umbanda, rito ocorrido na Cachoeira de Itacuruçá, no interior do estado do Rio de Janeiro, e, a partir de então, passei a ser "cambono mirim" de minha mãe e de suas entidades. Saudosos tempos, de prática de uma Umbanda simples, de pés no chão batido de areia de praia. O terreiro era uma casinha branca, caiada, com lindas bananeiras a cercá-lo.

Outra experiência marcante que eu tive na infância, junto com os pretos velhos, foi com a Vovó Maria do Rosário, entidade que incorporava em minha mãe. Um certo dia, eu e meus colegas saíamos da escola, eu tinha uns dez anos, e, ao vermos um despacho numa encruzilhada, cheio de quindins, mariolas e cocadas, com um punhado de moedas no meio da bandeja, não pensamos duas vezes: pegamos o dinheiro e fomos todos, felizes, jogar totó (futebol de mesa) num bar perto da escola.

Chegando em casa, lá pelo meio da tarde, caí em sonolência e desânimo, com perda de apetite, secura na boca e muita sede. Esse estado de falência na vitalidade orgânica persistiu uns dois dias. Ninguém sabia o que podia ser e eu já tinha me esquecido completamente do episódio das moedas do despacho. Por volta do terceiro ou quarto dia, no meio da tarde, eu prostrado na cama bocejando, pálido e com olheiras, repentinamente minha mãe incorporou Vovó Maria do Rosário na cozinha. A entidade foi até o jardim da casa e colheu alguns galhos de arruda. Com um copo d'água e uma vela acesa, benzeu-me com os galhos de arruda. Ao terminar, pitou seu palheiro, enchendo meu quarto de fumaça, admoestando-me para não pegar mais aquilo que não era meu, alertando-me com sua apurada vidência que, ao mexer naquelas moedas, atraí para mim uma carga ruim que poderia ter me deixado muito doente.

Em outras ocasiões, ainda tive oportunidade de receber o benzimento de Vovó Maria do Rosário, que, sempre que necessário, incorporava em minha mãe quando ela estava em casa. Certa vez, vi-me fora do corpo físico e me olhando dormindo na cama. Isso me apavorava, pois muitas vezes enxergava seres horripilantes dentro do meu quarto. Lá veio Vovó Maria do Rosário no meio da noite, incorporada em minha mãe, e eu acordei seguro no corpo físico, com sua mão direita e o rosário firmes em minha testa. Eram fenômenos de desdobramento espiritual que, na época, eu não compreendia e não dominava, prenunciando futuros compromissos com a mediunidade que eu teria de assumir no momento certo.

Esses dois episódios com os pretos velhos tiveram em comum o fato de ambos utilizarem um rosário na mão. Temos muitos pontos cantados na Umbanda que falam do processo de "catequização" que os africanos sofreram ao se relacionar com o catolicismo colonial. Se o Evangelho de Jesus está vivo na Umbanda, é pela participação desses espíritos na manutenção e multiplicação da Boa Nova perante as massas populacionais que procuram os terreiros diariamente. Por outro lado, não morreu a cultura de sua religiosidade trazida das diversas nações da velha África, como nos demonstram os milhares de pontos cantados passados pelas entidades da Umbanda, dos quais transcrevemos um para analisar:

Ecoou um canto vindo de longe
Num lindo dia uma luz do céu brilhou
Sobre a estrela-guia iluminada chegou
A preta velha de Aruanda, a Luz Divina recebeu de Oxalá o nome de Catarina
É lua cheia, é lua nova, louvada seja Vovó Catarina d'Angola

Vamos tentar interpretar o significado mais profundo da letra do ponto cantado de Vovó Catarina d'Angola:

- *Ecoou um canto vindo de longe*

O canto trazendo a cultura africana para o Brasil veio de longe, do outro lado do oceano, das várias nações da antiga África.

- *Num lindo dia uma luz do céu brilhou*

Num certo dia, um espírito iluminado reencarna como negra escrava, nascendo no berço de uma senzala no interior do Brasil. Pode ter sido numa fazenda de cacau ou no meio dos canaviais.

- *Sobre a estrela-guia iluminada chegou*

Numa noite estrelada, nasce e chora pela primeira vez na senzala insípida, quente e apinhada de escravos cansados do árduo trabalho de mais um dia causticante.

- *A preta velha de Aruanda, a Luz Divina recebeu de Oxalá o nome de Catarina*

É batizada no catolicismo e o atestado de batismo serve como certidão de nascimento, pois religião e Estado se confundem num só na época colonial brasileira. Recebe de Oxalá (Jesus) o nome de Catarina. Paradoxalmente, é um espírito oriundo de Angola, onde não se cultua os Orixás, que são da Nigéria – nagôs. Na convivência da senzala, tem contato com o culto dos Orixás, num sincretismo entre as divindades angolanas (inquices) e a dos negros iorubás.

- *É lua cheia, é lua nova, louvada seja Vovó Catarina d'Angola*

As fases da Lua ocorrem de acordo com o ângulo com que avistamos a face desse satélite iluminado pelo Sol. Cada fase dura de sete a oito dias, sendo que o ciclo, com todas as fases, demora de 29 a 30 dias para ser completado. Na lua nova, a face iluminada é a oposta àquela observada da Terra; por isso, ela é vista quase apagada, a fase menos irradiante de luminosidade. Já na lua cheia, o Sol ilumina totalmente a face voltada para a Terra. Essa é a fase em que ela está mais irradiante em sua luminosidade. Lembremos que na Terra, na metade das 24 horas do dia, é noite. É o simbolismo dos ciclos da vida.

Independentemente de que estejamos numa fase "escura" ou de "luz" em nossas consciências, em "noite" ou "dia" existencial, louvados sejam os pretos velhos que estarão nos auxiliando, trazendo os ensinamentos do Evangelho de Jesus, suas magias e sabedoria milenar.

Outra interpretação dessa estrofe é de que os ciclos temporais da vida humana não afetam a perenidade da existência em espírito, e a mediunidade nos liga com benfeitores que atuam no plano atemporal para nos ajudar.

Louvados sejam os pretos velhos!

Meu profundo agradecimento e gratidão a todos eles.

Espírito responsável pela presente obra.
Sua missão consiste em estimular as almas desejosas de seguirem o Mestre, auxiliando o advento da grande Era da Fraternidade que se aproxima.
(Desenho mediúnico de DINORAH S. ENÉIAS)

Quem é Ramatís

Faz parte da hierarquia espiritual terrestre que assessora Jesus em seu projeto de evolução da humanidade planetária.

Por amor a ela, reencarnou várias vezes, no seio de várias raças, sendo lembrado como insigne instrutor em diversas tradições. É propósito de Ramatís a difusão do Conhecimento Real do Mundo Espiritual, unindo as tradições espirituais do Oriente e do Ocidente, para auxiliar no despertamento da consciência da humanidade. A tônica de seu ensinamento é o universalismo — o reconhecimento e aceitação de todos os caminhos espirituais dos homens, considerando que "as religiões são meios, não fins em si mesmas".

É característica de sua obra, que veio à luz no Brasil desde meados do século 20, trazer conhecimentos avançados e inéditos, levantar em vários pontos o "véu de Ísis" que recobre as realidades do Cosmo e da vida humana. Notadamente, em conformidade à índole espiritual dos brasileiros, assumiu compromisso com os Maiorais do Espaço em elucidar fundamentalmente

o Espiritismo e a Umbanda, temas estes que são basilares e formadores das duas "colunas" de sustentação de sua obra psicografada, inicialmente por Hercílio Maes e na sequência, concluiu o compromisso relacionado ao universo umbandista, tendo escrito treze obras se apoiando na captação psíquica do médium Norberto Peixoto.

A linguagem de Ramatís é simples, lógica e cristalina mesmo ao abordar os temas transcendentais mais complexos. Distancia-se da retórica complicada e de construções obscuras: é um instrutor por excelência, dedicado a fazer compreender, assim conduzindo o leitor a novos patamares de consciência e horizontes mentais mais amplos, descolando-nos de pontos de vista estreitos e estratificados pelo hábito, a respeito da vida humana, das religiões e do espírito imortal.

Algumas vidas

Na Atlântida, Ramatís era mestre dos Templos da Luz, e foi contemporâneo, numa existência, do Espírito que mais tarde seria conhecido como Allan Kardec.

"Foi Phanuh, o Peregrino, há 28.000 mil anos, na Atlântida, e Ben Sabath, mago famoso na Caldeia; depois Shy-Ramath, grão-sacerdote no Egito; mais tarde Pitágoras, na Grécia, e Phylon de Alexandria, no tempo de Jesus", informa Hercílio Maes, seu primeiro médium.

Indochina – Século 10 d.C.

"Ramatís viveu na Indochina, no século 10, e foi instrutor em um dos inumeráveis santuários iniciáticos da Índia. Foi filho de uma vestal chinesa que abandonou o convento para casar com um tapeceiro hindu, Era de inteligência fulgurante e desencarnou bastante moço, com 33 anos. Espírito muito experimentado nas lides reencarnacionistas, já se havia distinguido no século 4, tendo participado do ciclo ariano, nos acontecimentos que inspiraram o famoso poema hindu Ramaiana. (2) Foi adepto da tradição de Rama, naquela época.

Os que leem as mensagens de Ramatis e estão familiarizados com o simbolismo do Oriente, bem sabem o que representa o nome "Rama-tys" ou Swami Sri Rama-tys", como era conhecido nos santuários da época. Informa-nos Ramatís que, após certa disciplina iniciática a que se submetera na China, fundou um pequeno templo iniciático na Índia, à margem da estrada principal que se perdia no território chinês. O templo que fundou foi erguido pelas mãos de seus primeiros discípulos e admiradores. Cada pedra da alvenaria recebeu o toque magnético e pessoal de seus futuros iniciados. Alguns deles estão reencarnados atualmente em nosso mundo, e já reconheceram o antigo mestre Ramatís por meio desse toque misterioso, que não pode ser explicado a contento na linguagem humana. Sentem-no por vezes, e de tal modo, que as lágrimas lhes afloram aos olhos, num longo suspiro de saudade!

Embora tenha desencarnado ainda moço, Ramatís pôde aliciar setenta e dois discípulos. Eram adeptos provindos de diversas correntes religiosas e espiritualistas do Egito, da Índia, da Grécia, da China e até da Arábia. Apenas dezessete conseguiram envergar a simbólica "túnica azul" e alcançar o último grau daquele ciclo iniciático. A não ser vinte e seis adeptos que estão no Espaço (desencarnados) cooperando nos labores da "Cruz e do Triângulo", o restante disseminou-se pelo nosso orbe. Sabemos que dezoito reencarnaram no Brasil; seis nas três Américas, enquanto que os demais se espalharam pela Europa e, principalmente, pela Ásia".

Pitágoras de Samos – Século 5 a.C.

Como Pitágoras, deixou um legado ímpar para a espiritualidade do Ocidente, trazendo para a Grécia os ensinamentos iniciáticos do Egito e da Caldeia. Nessa época, fundou uma Escola famosa, em Crotone (sul da Itália, à época chamada de Magna Grécia), onde conduzia discípulos para os caminhos iniciáticos. Sua tradição inspirou seguidores ao longo dos séculos, na Europa (neopitagóricos). Além da reencarnação, da evolução e do carma, e todos os conhecimentos da Sabedoria Oculta, os preceitos pitagóricos se caracterizavam por um modelo de vida pura, simples, fraternidade irrestrita entre seus membros, disciplina no falar, e vegetarianismo. Pitágoras era conhecido pelo profundo amor e compaixão pelos animais. Não deixou obra escrita; alguns discípulos deixaram registros de sua doutrina.

Filon de Alexandria — 20 a.C.

Viveu como o filósofo judeu Filon de Alexandria, ao tempo de Jesus. Deixou extensa obra escrita, tecendo correlação entre os preceitos da Sabedoria Oculta e a tradição esotérica hebraica, sendo conhecido como o primeiro pensador a aproximar os textos bíblicos às categorias filosóficas ocidentais. Foi à Palestina encontrar-se com o Mestre Nazareno, e conviveu com Ele, discípulos, família e seguidores. Daí resultam as informações, inigualáveis por qualquer outra obra, que pôde fornecer no livro O sublime peregrino, descrevendo a figura e a trajetória do Mestre Jesus, incluindo sua infância, os aspectos desconhecidos de sua família, ensinos e milagres, seu julgamento, morte e o destino de seu corpo físico.

Reencarnação no Brasil

É informação de Hercílio Maes, também, que Ramatís irá reencarnar novamente no Brasil: "...sua missão completar-se-á no Terceiro Milênio, quando ele reencarnará no Brasil". De acordo com informação de Norberto Peixoto, médium atual de Ramatís, a reencarnação de Ramatís no Brasil foi antecipada, sem precisar uma data. Hercílio Maes informou que nessa encarnação, ele irá fundar uma instituição universalista e iniciática no Planalto Central.

Conheça outras obras de Norberto Peixoto

APOMETRIA – Os Orixás e as Linhas de Umbanda
16x23 / 168 págs. / ISBN: 978-85-5527-022-2

Encantos de Umbanda
16x23cm | 168 págs. | ISBN: 978-85-5527-027-7

Exu - O poder organizador do caos
16x23 / 168 págs. / ISBN: 978-85-5527-023-9

Iniciando na Umbanda - A psicologia dos Orixás e dos Cristais
16x23 / 144 págs. / ISBN: 978-85-5527-046-8

Cartilha do Médium Umbandista
16x23 / 168 págs. / ISBN: 978-85-5527-049-9

A Umbanda é de todos - Manual do chefe de terreiro
16x23 / 152 págs. / ISBN: 978-85-5527-052-9

Elucidações de Umbanda
16x23 / 204 págs. / ISBN: 978-85-5527-089-5

As Flores de Obaluaê - O Poder Curativo dos Orixás
16x23cm | 172 págs. | ISBN: 978-85-5527-065-9

O Magnetismo na Casa Umbandista
A Saúde Integral do Ser
16x23 / 176 págs. / ISBN: 978-85-5527-062-8

No Reino de Exu - A retificação do destino
16x23 / 160 págs. / ISBN: 978-85-5527-091-8

O Transe Ritual na Umbanda
16x23 / 152 págs. / ISBN: 978-85-5527-098-7

Os orixás e os ciclos da vida
16x23 / 184 págs. / ISBN: 978-85-5527-037-6

Acesse www.legiaopublicacoes.com.br e adquira já seu exemplar